THÈSE

DE DOCTORAT

DROIT DE NANCY

PAR

TASSARD

COUR D'APPEL DE NANCY

NANCY

UNIVERSITÉ DE FRANCE. — ACADÉMIE DE NANCY.

DROIT ROMAIN

DES DONATIONS A CAUSE DE MORT

DROIT FRANÇAIS

DE LA RÈGLE : DONNER ET RETENIR NE VAUT

THÈSE
POUR LE DOCTORAT

PRÉSENTÉE A LA FACULTÉ DE DROIT DE NANCY

PAR

Paul TASSARD

AVOCAT A LA COUR D'APPEL DE NANCY

L'acte public sur les matières ci-après sera présenté et soutenu le samedi 16 mars 1872, à 4 heures.

Président : M. LEDERLIN, *Professeur*

Suffragants : MM. VAUGEOIS, LIÉGEOIS, *Professeurs.* LYON-CAEN, CAUWÈS, *Agrégés.*

Le Candidat répondra, en outre, aux questions qui lui seront faites sur les autres matières de l'enseignement.

FACULTÉ DE DROIT DE NANCY.

MM. JALABERT, ✻,	Doyen, Professeur de Code civil et Chargé du cours d'histoire du Droit romain et du Droit français.
PARINGAULT, ✻,	Professeur honoraire.
LEDERLIN,	Professeur de Droit romain.
LOMBARD,	Professeur de Droit commercial et Chargé du cours de Droit des gens.
VAUGEOIS,	Professeur de Code civil et Chargé du cours de Droit français étudié dans ses origines féodales et coutumières.
LIÉGEOIS.	Professeur de Droit administratif et Chargé du cours d'Economie politique.
DUBOIS,	Professeur de Droit romain.
LYON-CAEN,	Agrégé, chargé d'un cours de Code civil.
CAUWÈS,	Agrégé, chargé d'un cours de Droit romain.
CHOBERT,	Agrégé, chargé du cours de Procédure civile et de Législation criminelle.

M. LACHASSE, Docteur en Droit, secrétaire, agent comptable.

La Faculté n'entend ni approuver ni désapprouver les opinions particulières du Candidat. Le visa n'est donné qu'au point de vue de la morale et de l'ordre dublic. (Statut du 9 avril 1825, art. 81.)

A MON PÈRE

A MA MÈRE

A MA SŒUR

DROIT ROMAIN

DES DONATIONS A CAUSE DE MORT

INTRODUCTION

Nous ne connaissons en droit français que deux manières de disposer : la donation entre-vifs et le testament. Les Romains avaient de plus la donation à cause de mort dont le caractère s'efface peu à peu dans le dernier état du droit, pour se confondre, sauf quelques différences, avec les legs.

Ce n'était pas une donation entre-vifs, puisque celle-ci est toujours faite dans une idée de préférence du donataire au donateur lui-même, au lieu que dans la donation à cause de mort, le donateur préférait bien le donataire à son héritier, mais il se préférait lui-même au donataire. Toutefois, comme la donation entre-vifs, la *mortis causa donatio* est inspirée par un esprit de libéralité, c'est un contrat, mais révocable, et sujet à repentir.

Comme le testament, elle est faite en vue de la mort,

ob mortis fit periculum, et n'est parfaite qu'au décès du donateur. Elle en diffère en ce qu'elle est une convention, et non un acte unilatéral, et que, le plus souvent, le donataire conserve la chose jusqu'à l'événement de la condition.

L'exemple que les jurisconsultes romains donnent de la donation à cause de mort, est celle que fait Télémaque à Pirée, lorsqu'il va combattre les prétendants de Pénélope, et qui est tirée de l'*Odyssée* d'Homère (1) : « Ami, l'avenir est incertain. Si la trahison de nos cruels ennemis me ravit le jour, je veux que tu sois en possession de ces armes, que m'a données Ménélas, afin qu'elles ne tombent pas aux mains de leur troupe inhumaine ; mais si j'ai le bonheur de remporter la victoire, alors tu auras la satisfaction de remettre ces armes à ton ami ».

Citons encore, bien qu'il ne s'agisse pas à proprement parler d'une donation à cause de mort, ce passage d'Euripide, (2) où Hercule s'adresse à Admète et lui dit : « Conserve-moi cette femme mon esclave, jusqu'à ce que je revienne ici vainqueur du tyran. Si pourtant je ne réussis pas (puissent les dieux écarter ce funeste présage !), je donne cette esclave à ta famille, elle n'a été conquise par moi qu'à la suite de pénibles travaux ».

La donation à cause de mort a donc un caractère mixte, elle tient le milieu entre les donations ordinaires

(1) L. I, Dig., *De mort. c. donat.*, 39, 6. — Instit., liv. II, t. VII, § 1.

(2) L'*Alceste*, d'Euripide, acte 5, sc. 1, vers 1625 et suiv.

et les legs, en se rapprochant beaucoup de ces derniers, avec lesquels elle a de grandes affinités. Les Hébreux ne connurent pas ce mode de disposer; ils n'avaient que le testament et le fidéicommis ([1]). Les Grecs, nous le savons, la pratiquaient, et on a soutenu que les Romains la leur avaient empruntée.

Nous diviserons l'objet de ce travail en deux parties, étudiant successivement les caractères et formes de la donation à cause de mort, ses effets et les actions qu'elle engendre; enfin, nous terminerons par un parallèle de cette manière de disposer avec les legs.

L'intérêt qui se rattache à ce sujet est indubitablement de tous les temps, et si les donations à cause de mort ne sont plus en usage dans nos lois, l'étude n'en est pas moins attachante, tant par l'attrait qu'offre en général ce qui touche au droit naturel de propriété, et aux actes de libéralité qui en dérivent, que par la mise en relief de traits saillants se dégageant de cette législation romaine, où l'égoïsme, l'esprit de vanité et d'intérêt trouvaient à se satisfaire, surtout lorsque donnant à cause de mort, le donateur faisait acte, aux yeux du public, de générosité et de bienfaisance, sans diminuer en réalité son patrimoine pendant sa vie, et sans s'imposer le plus faible appauvrissement.

([1]) Glasson, *Revue crit. de législat.*, t. XXXIV, ch. I, § 2, p. 314.

PREMIÈRE PARTIE

Caractères et formes de la donation à cause de mort.

« La donation à cause de mort, dit le jurisconsulte Marcien [1], est celle dans laquelle le donateur aime mieux se conserver la chose que de la faire passer au donataire, mais en même temps aime mieux qu'elle passe au donataire qu'à son héritier ».

Sans être inexacte, cette définition est trop vague, car le donateur peut renoncer à son droit de révocation, qui est de la nature, non de l'essence de la donation à cause de mort.

Justinien en donne une autre au § 1 des Institutes (l. 2, t. 7) : « La donation à cause de mort est celle que détermine la condition de la mort : quelqu'un donne de telle sorte que s'il succombe dans un péril, la chose reste au donataire, et qu'au contraire, elle lui revienne, s'il survit, s'il se repent de la donation ou si le donataire décède le premier. »

Le caractère primordial de la donation à cause de mort est donc d'être faite en prévision du trépas, tantôt sous l'empire d'un danger déterminé, tel qu'une maladie, une expédition militaire, un voyage lointain ; mais on peut encore la faire simplement en vue de la mort, considérée

[1] Loi 1, D., *De mort. c. donat.*, 39, 6.

d'une façon générale comme le terme inévitablement marqué par la nature. (L. 3, 4, 5 et 6; D., 39, 6.) Dans tous les cas, le donateur se réserve ordinairement le droit absolu de révoquer la donation jusqu'à sa mort, mais cette clause n'a rien d'essentiel, et l'on peut renoncer expressément au droit de révocation. C'est ce dernier point que Justinien oublie d'indiquer dans sa définition; c'est pourquoi, la rectifiant, nous dirons avec M. Glasson [1] que la donation à cause de mort « est une libéralité faite par une personne en vue de la mort, que cette personne soit ou non sur le point de courir un danger déterminé, ordinairement révocable au gré du donateur, et nécessairement caduque par le prédécès du donataire ».

Ce dernier caractère de la donation à cause de mort est le principal, car une clause contraire en effacerait le signe distinctif, et la classerait parmi les donations entre-vifs ordinaires, dont elle se rapproche sous un certain côté, puisque c'est une libéralité. Ainsi, il faut qu'il y ait appauvrissement de la part du donateur, il ne suffirait pas qu'il négligeât d'acquérir. Il faut, en second lieu, qu'il y ait enrichissement de la part du donataire : ainsi l'affranchissement d'un esclave n'est pas réellement une donation, bien qu'on puisse le faire *mortis causa*, car si le *manumissor* s'appauvrit, le *manumissus* ne s'enrichit pas. Enfin, il faut, chez les deux parties, volonté d'acquérir d'une part, volonté d'aliéner de l'autre. Il semble que, dans les donations à cause de mort, il y a plutôt appauvrissement des héritiers du donateur que du donateur lui-même, mais il faut bien tenir compte de la renonciation que ce dernier a pu faire à son droit de révocation.

Une erreur contre laquelle il convient de se prémunir

[1] *Revue crit. de législation*, t. XXXIV, p. 321, n° 10.

tout d'abord, est celle qui consisterait à croire que la prévision d'un danger, d'un péril imminent, caractérise invariablement la donation à cause de mort. Le donateur peut très-bien prévoir sa fin prochaine, et vouloir se dépouiller irrévocablement : c'est ce que dit le jurisconsulte dans la loi 27 à notre titre : [1] « Ubi ita donatur mortis causa ut nullo casu revocetur, causa donandi magis est, quam mortis causa donatio : et ideo perinde haberi debet, atque alia quævis inter vivos donatio » ; et voici les conséquences qui en dérivent : « ideoque inter viros et uxores non valet : et ideo nec Falcidia locum habet, quasi in mortis causa donatione. »

Et Papinien, dans la loi 42 au même titre, après avoir discuté sur une espèce analogue, conclut en disant : « Celui qui donne absolument donne bien en mourant, mais ne donne pas à cause de mort : non tam mortis causa quam morientem donare ». Pour reconnaître si une donation est ou non à cause de mort, il faut rechercher quelle a été l'intention du donateur ; s'il n'a pas voulu subordonner à sa mort les effets de la donation, ce sera une donation entre-vifs ; si, au contraire, la révocation pour prédécès du donataire était prévue, ce sera une donation à cause de mort. Il ne faut donc pas tant s'attacher à la mention de la mort, qu'aux cas possibles de révocation : les lois 27 et 42 précitées le prouvent bien : « Si donat sine ulla conditione redhibendi donat absolute ». (Loi 42.)

Le droit de révocation étant de la nature, non de l'essence de la donation à cause de mort, le donateur peut y renoncer, et la libéralité conserve son caractère de *mortis causa donatio*. Cette doctrine est loin cependant d'être universellement admise, et pour ne parler que des juris-

[1] D., *De mort. c. donat.*, 39, 6.

consultes modernes, et des plus marquants, nous citerons M. Pellat, qui a soutenu la thèse contraire [1]. Il invoque la loi 42, § 1 à notre titre, et voici comment il l'interprète : « Un père en mourant avait fait à un fils émancipé une donation, sans s'être réservé la faculté de révocation. C'était donc une donation faite à l'occasion de la mort, qui devait avoir les caractères de cette espèce de libéralité, et par conséquent les biens donnés devaient être, sur la demande des héritiers, réduits par la Falcidie. » Papinien consulté refuse la réduction, disant que la donation est entre-vifs, et qu'on ne doit pas appliquer la constitution de Septime-Sévère, qui avait étendu la Falcidie aux donations à cause de mort.

Mais ce texte n'est pas aussi difficile à expliquer dans notre opinion qu'on pourrait le croire. La donation, dans l'espèce de la loi 42, § 1, était bien une donation entre-vifs, car elle n'était soumise à aucune restriction : elle était dès le principe irrévocable, que le père ait ou non échappé à la maladie, qu'il ait ou non survécu à son fils, et nous savons qu'on peut faire une donation irrévocable, étant sur le point de mourir : c'est le cas prévu, et que confirment les mots de la fin du texte, *non tam mortis causa quam morientem donare*. (V. Loi 27, D., 39, 6.)

Cet argument réfuté, il ne reste rien à l'appui de la doctrine contraire, tandis que les lois 13, § 1, et 35, § 4, et la Novelle 87, qui seront expliquées plus loin, prouvent d'une manière formelle, que le donateur pouvait, sans altérer le caractère de la donation à cause de mort, renoncer à son droit de révocation.

Un texte de Julien cité par Ulpien, et qui forme la loi 2 (D. 39, 6), montre bien les divers cas où l'on peut faire une donation à cause de mort. Le jurisconsulte semble.

[1] Pellat, *Textes choisis des Pandectes*, p. 155.

toutefois, indiquer à tort que, dans le cas seulement où la donation est faite en vue d'un péril, le donateur a le choix de transférer immédiatement la propriété au donataire, ou de remettre cette translation à l'époque de son décès, mais c'est plutôt une mauvaise conception de langage que la pensée de Julien. Voici cette loi 2 : « Julianus tres esse species mortis causa donationum ait. Unam, cum quis nullo præsentis periculi metu conterritus, sed sola cogitatione mortalitatis donat. Aliam esse speciem mortis causa donationum ait, cum quis imminente periculo commotus, ita donat, ut statim fiat accipientis. Tertium genus esse donationis ait, si quis periculo motus, non sic det, ut statim faciat accipientis : sed tunc demum, cum mors fuerit insecuta. »

Cette condition de la mort est, en somme, la seule condition générale de la validité de la donation : « La donation à cause de mort, dit Ulpien, *non videtur perfecta, antequam mors insequatur* (L. 32, D. 39, 6) (L. 35, §. 4, eod. tit.); la donation, pour qu'elle soit valable, doit être faite sous condition résolutoire du prédécès du donataire : il faut que ce dernier survive au donateur, et cela quand même il aurait acquis de suite le droit ou la chose donnée. Toutefois, comment cette condition de survie du donataire doit-elle être entendue? Il faut que le donateur meure avant lui, ou, tout au moins, qu'il ne lui survive pas, qu'il meure en même temps; c'est ce que prouve la loi 26 (39, 6) : « Si qui invicem sibi mortis causa donaverunt pariter decesserunt, neutrius heres repetet : quia neuter alteri supervixit. Idem juris est, si pariter maritus et uxor sibi donaverunt » « Ainsi donc rigoureusement, dit M. de Savigny [1], il faudrait

[1] SAVIGNY, t. IV, ch. 3, p. 244, note *g*.

dire que l'on exige non la survie du donataire, mais la non-survie du donateur.»

Quand la donation a été faite à un esclave ou à un fils de famille en puissance, devra-t-on exiger la survie du donataire immédiat, c'est-à-dire de celui auquel la donation est faite, ou bien la survie de celui auquel en revient le profit, c'est-à-dire le père ou le maître? Les lois 23 et 44 donnent textuellement la réponse. Loi 23 : « Si filio familias mortis causa donatum sit, et vivo donatore moriatur filius, pater vivat : quæsitum est quid juris sit? Respondit, morte filii condictionem competere, si modo ipse potius filio quam patri donaturus dederit : alioquin si quasi ministerio ejus usus sit, ipsius patris mortem spectandam esse. Idque juris fore, et si de persona servi quæratur. » Loi 44 : « Si servo mortis causa donatum sit, videamus, cujus mors inspici debeat, ut sit locus condictioni : domini an ipsius servi? Sed magis ejus inspicienda est cui donatum esset : sed tamen post mortem ante apertas tabulas testamenti manumissum hæc donatio non sequitur. » Il semble qu'on admit de bonne heure qu'un *paterfamilias* pourrait faire une donation à cause de mort au profit de son descendant *alieni juris*; mais il fallait la réunion de deux conditions : 1° que le *filiusfamilias* devînt *sui juris* à la mort du donateur, 2° que la propriété ne dût être transférée qu'à cette époque. On introduisit même dans la suite, probablement comme conséquence, que les donations ordinaires entre parents et descendants seraient valables à partir de la mort du donateur, si ce dernier ne s'était pas repenti : « Tamen perseverantia voluntatis, ad instar mortis causa donationis hujusce modi liberalitatem redigi oportere, retro principum rescriptis cognoscitur esse concessum. » (Fragm. Vat. n° 274.)

« Le donateur, dit M. de Savigny [1], fait quelquefois dépendre la validité de la donation, non de sa propre mort, mais de celle d'un tiers ; un pareil acte n'a que le nom de commun avec la donation pour cause de mort, et il est complétement étranger à l'institution spéciale qui nous occupe. Comment, en effet, appliquer en pareille circonstance la Falcidie, ou la règle sur la capacité? Ce ne sont que des donations *inter vivos* ordinaires, faites sous une condition spéciale. » Nous ne pouvons adopter cette opinion de M. de Savigny, parce qu'elle est trop contraire aux textes des lois 11 et 18 (Dig. 39, 6) et à la constitution 3 au Code, à notre titre (8, 57). Quant à l'incompatibilité que signale ce jurisconsulte, on ne voit pas en quoi elle consiste : ou bien à la mort du donateur, le donataire survivra au tiers prédécédé, et alors on procédera pour le calcul de la Falcidie, comme s'il s'agissait d'un legs pur et simple ; ou bien, à la même époque, le donataire et le tiers vivront encore, on appliquera alors les principes du legs conditionnel, conformément à la loi 73, § 2 *de lege Falcidia*, ainsi conçue : « Sed etsi legata quædam pure, quædam sub conditione relicta efficiant, ut, existente conditione, lex Falcidia locum habeat : pure legata cum cautione redduntur : quo casu magis in usu est solvi quidem pure legata, perinde ac si nulla alia sub conditione legata fuissent ; cavere autem legatarios debere, ex eventu conditionis, quod amplius accepissent, redditu iri [2]. » Comment d'ailleurs résister aux textes des lois 11 et 18 (39, 6)? La première dit, qu'un père peut valablement faire une donation à cause de la mort de son fils « etiam constante matrimonio. » On sait que les libéralités entre le *pater familias* et l'un

[1] Savigny, t. IV, pp. 245 et 246, note *l*,

[2] L. 73, § 2, D., 35, 2.

des époux en puissance étaient prohibées, comme les donations entre conjoints, pour éviter qu'on enfreigne cette dernière prohibition [1]. Le jurisconsulte a précisément voulu parer à l'objection, en disant que la donation faite à la bru par le *paterfamilias* pouvait être valablement faite à cause de la mort de son fils, puisque les donations *mortis causa* étaient permises entre époux. Quant à la loi 18 pr., elle est encore bien plus explicite : « Mortis causa capimus, non tunc solum, cum quis suæ mortis causa nobis donat : sed et si propter alterius mortem id faciat ; veluti si quis alio, vel fratre suo moriente, donet Mævio ea conditione, ut si convaluerit alteruter eorum, reddatur sibi res, si decesserit, maneat apud Mævium. » Le tiers étant mort avant le donataire, le donateur ne peut plus demander la révocation de sa libéralité : « Nec fratris sui, dit la constitution 3 (C. 8, 57), mortis causa recte factam donationem sorori rescindere licet. »

Pothier [2] était de cet avis, et, en effet, il n'y a qu'une seule objection que l'on puisse faire en réponse à la précision de la loi 18 précitée : c'est qu'elle commence par ces mots « mortis causa capimus », qu'elle semble donc parler d'une « mortis causa capio », plutôt que d'une « donatio ». Mais le texte de cette même loi : « mortis causa capimus non tunc solum quum quis suæ mortis causa nobis *donat* » prouve deux choses : d'abord que, dans cette loi, il s'agit bien d'une donation à cause de mort et, en second lieu, que la « mortis causa capio » comprend les donations à cause de mort. Deux autres textes mettent d'ailleurs en évidence ce dernier point ; ce sont les lois 31 et 38 à notre titre au Digeste : la pre-

[1] L. 3, § 2 et suiv. D., 24, 1.
[2] Pothier, *Pand. Just.*, t. II, n° 9, p. 840.

mière est de Gaius; elle dit qu'on acquiert à cause de mort, « mortis causa capitur », dans tous les cas où le mode d'acquérir « propter mortem alicujus » n'a pas une désignation propre, comme le legs, le fidéicommis; or, la donation à cause de mort n'a pas de forme qui lui soit particulière, « non proprio nomine appellatur ». Et Marcellus, dans la loi 38, est bien plus formel encore, quand il dit : « A mortis causa capi intelligitur, et quod non cadit in speciem donationis. » Ce qui signifie qu'il y a d'autres cas que la « donatio mortis causa », qui sont compris dans la « mortis causa capio », mais non apparemment que celle-là en soit exclue. Donc, dans un sens large, la *mortis causa capio* comprend tous les modes d'acquérir *causa mortis*, y compris la *donatio*, sauf ceux *qui proprio nomine appellantur*, et c'est précisément dans ce sens large que la loi 18 *pr.* doit être entendue, sous peine d'être inintelligible.

Une dernière conclusion, qui ressort de la loi 18, mais qui est étrangère à la question, c'est que les lois *Furia* et *Voconia*, concernant les legs et les *mortis causa capiones*, s'appliquent aux donations à cause de mort.

A propos de la loi 38 ci-dessus, il est opportun, croyons-nous, de mentionner une controverse que les auteurs allemands ont suscitée d'une manière bien inutile, car elle a été plutôt créée par eux que par les textes. On s'est demandé quelle est la nature de la donation à cause de mort, est-ce un contrat, est-ce un acte unilatéral, est-ce un acte qui tient le milieu entre le pacte et les legs? Le sujet de notre étude est déjà assez hérissé de difficultés, pour que nous négligions celles que certains jurisconsultes ont soulevées mal à propos. Nous ne parlons de cette controverse, que parce que la loi 38 a servi d'argument, et qu'on a élevé, sur deux mots de cette loi, tout un échafaudage de doctrines. M. de Savigny le premier, suivant

M. Glasson [1], « a jeté un peu de lumière dans ce chaos », que nous nous garderons d'exposer, nous contentant seulement de dire que, le plus souvent, la donation à cause de mort sera un acte bilatéral, parce qu'en effet les modes les plus usités sont la *stipulatio*, la *mancipatio*, l'*in jure cessio*, la *traditio*, comme nous le verrons plus bas. Mais elle peut être aussi un acte unilatéral, par exemple, si le donateur s'offre *animo novandi*, et *mortis causa*, comme débiteur auprès du créancier du donataire. Si le donateur meurt le premier, et sans avoir rétracté sa libéralité, la donation est parfaite ; au cas contraire, il aura l'action *negotiorum gestorum* pour obtenir, s'il a payé, son remboursement du donataire ou de ses héritiers. Cela ne contredit pas ce que nous avançons plus bas, à propos de la donation par *liberatio*, qu'il faut le consentement des deux parties, et non seulement la manifestation de la volonté du donateur créancier, auquel cas il y a fidéicommis. Pourquoi, en effet? C'est que dans l'*acceptilatio* et le pacte *de non petendo*, il faut concours de deux volontés. Mais il n'en faut pas conclure que l'espèce précédente, que la remise par novation du débiteur, ne constitue pas une donation à cause de mort.

De même que la *mortis causa donatio* est tantôt bilatérale, tantôt unilatérale, elle est, ou du droit des gens, ou du droit civil, suivant le mode employé pour la former.

On peut faire en droit romain deux donations à cause de mort, de telle sorte que la seconde produirait effet seulement à défaut de la première. Quand le mode employé est la stipulation, pas de difficulté ; on peut promettre par exemple cent à Titius *mortis causa*, et par une seconde stipulation sous condition, s'engager à donner la même somme à Primus, si celle de Titius devient caduque

[1] Glasson, *Rev. crit.*, t. XXXIV, n° 35, p. 561, et t. XXXV, n° 38, p. 53 et suiv.

par son prédécès. Quand, au contraire, on employait la *datio*, la question était plus difficile à résoudre. La loi 10 à notre titre (D. 39, 6) donne la solution suivante : « Ei cui mortis causa donatum est posse substitui constat in hunc modum, ut promittat alicui, si ipse capere non possit, vel sub alia conditione. » Titius, dans notre espèce, promettra à Primus de lui retransférer la propriété des choses données, si la donation à lui faite devient caduque [1].

La donation à cause de mort, disons-nous, est soumise essentiellement à la survie du donataire au donateur. Mais il faut en outre que ce dernier ait, au moment de son décès, la capacité de disposer de ses biens. C'est ce que dit la loi 7 (D. 39, 6) : « Si aliquis mortis causa donaverit, et pœna fuerit capitis affectus : removetur donatio ut imperfecta, quamvis ceteræ donationes sine suspicione pœnæ factæ valeant. »

Nous pouvons maintenant nous résumer sur les caractères distinctifs de la donation à cause de mort. D'abord, il ne suffit pas que la donation soit faite *cogitatione mortis*, pour constituer une libéralité à cause de mort, puisqu'une donation entre-vifs peut être faite par un mourant, et que celui qui donne *mortis causa* peut, comme dans la donation entre-vifs, rendre la libéralité irrévocable, en renonçant à son droit de révocation. Justinien reconnaît dans la novelle 87 *de mortis causa donatione Curialium*, que le donateur peut renoncer à sa faculté de révocation. Mais comme les *Curiales* cherchaient, par tous moyens, à échapper à la situation détestable qui leur était faite, et qu'ils trouvaient, notamment dans la renonciation au droit de révocation de la donation *mortis causa*, un moyen d'échapper aux lois qui leur interdisaient de faire des

[1] GLASSON, *Loc. cit.* t. XXXV, pp. 450 et 451.

donations entre-vifs de biens immobiliers, et d'en disposer par testament au-delà de trois douzièmes de l'hérédité, devant conserver les neuf douzièmes restant à la Curie ; pour ce motif, disons-nous, Justinien leur défend de faire des donations à cause de mort, si ce n'est dans les limites de la novelle 38, et de renoncer à leur droit de révocation. L'empereur ajoute que cette mesure lui est inspirée « propter ipsam nostram erga rempublicam curam et studium. » Cette novelle 87, par son rapprochement avec la Constitution 4 (Code 9, 57), jette une vive lumière dans une question ardue et très-controversée, celle qui consiste à rechercher le sens et la portée des innovations de Justinien, inscrites dans cette Constitution, et que nous aurons bientôt l'occasion de présenter.

Il ne suffit pas non plus que la donation soit subordonnée au prédécès du donateur ; on peut, en effet, apposer à la donation entre-vifs toutes espèces de conditions, notamment celle du prédécès du donateur (1). Il faut que la donation ait été faite en vue de la mort, et subordonnée au prédécès du donateur, alors elle a le caractère de la disposition à cause de mort. Mais il pouvait se faire que le donateur ait dit que la donation ne serait révocable en aucun cas, *nullo casu*, la question d'interprétation était alors délicate : des jurisconsultes y lisaient l'intention d'exclure même le cas de caducité par prédécès du donataire, ce qui transformait la disposition en donation entre-vifs ; les autres présumaient que le donateur avait entendu seulement enlever les chances de révocation, autres que celles qui sont indispensables au caractère de la donation à cause de mort. Le premier sentiment était celui de Marcien (2), et ce jurisconsulte

(1) § 259, fragm. Vat. — GLASSON, *loc. cit.*, t. XXXIV, p. 430, note 1.

(2) L. 27, D., 39, 6.

prétendait que si le donateur avait qualifié sa donation de libéralité à cause de mort, c'est qu'il voulait indiquer seulement qu'elle lui était inspirée par la pensée de sa fin prochaine. Julien et Marcellus ([1]) étaient de l'opinion contraire, et leur doctrine avait prévalu : on interprétait les mots *nullo casu* en ce sens, que la donation ne serait pas révoquée par le rétablissement du donateur, ou sa survie à un péril déterminé, ce qui était le cas le plus fréquent dans la pratique, et cette interprétation maintenait la donation comme libéralité à cause de mort, avec ses caractères, et notamment celui de caducité par le prédécès du donataire.

Julien, dans cette loi 13, § 1, nous montre que plusieurs chances de caducité peuvent affecter la donation à cause de mort, et qu'à l'inverse on peut les exclure toutes, sauf celle du prédécès du donataire. Empruntant l'opinion de Marcellus, Julien s'exprime ainsi : « Marcellus remarque que les donations à cause de mort peuvent donner lieu à plusieurs questions de fait, car elles peuvent être faites de différentes manières.

« 1° On peut donner avec l'intention que, le donateur venant à mourir de sa maladie, le donataire n'aura rien du tout à rendre ;

« 2° Ou sous condition que, même en cas de prédécès du donateur, l'effet donné sera rendu, s'il appert que, depuis la donation, le donateur a changé de volonté.

« 3° On peut encore donner sous la condition que l'effet ne sera rendu que dans le cas de prédécès du donataire.

« 4° Et, enfin, on peut donner à cause de mort, de manière qu'il n'y ait lieu à répétition dans aucun cas, c'est-à-dire pas même dans celui où le donateur reviendrait en santé : *ut nullo casu sit ejus repetitio*. »

([1]) L. 13, § 1, et l. 35, § 4, *ibid.*

Dans la première hypothèse, le donateur renonce seulement à son droit de révocation ; — dans la seconde, il se réserve ce droit, et s'il en use, la donation sera révoquée, quoi qu'il arrive. — La troisième n'a pas besoin d'explication ; — enfin la quatrième veut dire que la donation ne sera révoquée en aucun cas par le rétablissement du donateur, les autres causes de révocation sont maintenues. Les mots *nullo casu* semblent au premier abord difficiles à comprendre, c'est ce qui a donné lieu à une controverse dans laquelle on a soutenu, à tort certainement, que Julien avait entendu parler, dans la loi 13, de la donation entre-vifs, qu'autrement il y aurait contradiction entre les deux dernières hypothèses qu'il prévoit. Ce qu'il est vrai de dire [1], c'est que les mots *nullo casu*, pris d'abord dans un sens large, sont restreints par le mot *id est* à leur véritable portée qui est, dans l'intention de la loi, de montrer que le donateur à cause de mort peut renoncer à la caducité résultant de son rétablissement [2].

Dans le doute sur le point de savoir si la donation a été, dans l'esprit du donateur, à cause de mort ou entre-vifs, on devra lui attribuer ce dernier caractère [3]. S'il y a des restrictions, des circonstances de fait qui fassent présumer que le donateur a fait la donation en vue de la mort, et a voulu en même temps subordonner son effet à la survie du donataire, quels que soient les termes dont il s'est servi, la donation aura le caractère de la *mortis causa donatio*, dont il nous est facile d'énumérer les causes de caducité, maintenant que ses caractères nous sont connus.

(1) L. 1, *De donat.*, D., 39, 5.
(2) Glasson, *loc. cit.*, t. XXXIV, n° 20, p. 425 et suiv.
(3) L. 42, § 1, D., 39, 6.

1° La première cause de caducité, conséquence du caractère essentiel à la donation à cause de mort, c'est le prédécès du donataire. (L. 26, 35, § 2 ; D., 39, 6.)

Nous avons examiné toutes les questions qui peuvent se présenter sur ce point, nous n'y reviendrons pas.

2° Une seconde cause de caducité se produit, quand le donateur échappe au péril, en vue duquel il avait fait la donation. (L. 19, 24, 35, § 3 ; L. 39, D., 39, 6 ; Inst., § 1; L. 2, t. 7 ; Sent. Paul., L. 3, t. 7, §§ 1 et 2.)

3° La donation *mortis causa* est caduque par la *maxima* ou *media capitis deminutio* du donateur (L. 7; D., 39, 6), sauf exception au cas de déportation, dans les donations à cause de mort entre époux. (L. 13, § 1; D., 24, 1.)

4° Un dernier cas de caducité est la révocation du donateur. (L. 15, 16, 30, D., 39, 6 ; Inst., § 1; L. 2, t. 7; Sent. Paul., L. 3, t. 7, § 2.) Cette révocation peut être expresse ou tacite ; si elle est expresse, elle doit être écrite, mais la présence de cinq témoins n'est pas exigée par la constitution 4. (C. 8, 57.) Si elle est tacite, on applique les principes de révocation des legs (1). « Quand le donateur a renoncé à son droit de révocation, il nous semble, dit M. Glasson, malgré l'absence de tout texte sur ce point, qu'il y a lieu alors d'appliquer aux donations à cause de mort les causes de révocation des donations entre-vifs. Le donateur ne pourrait même pas renoncer à ce droit de révocation pour cause d'ingratitude (2). »

Nous ne parlerons pas de la perte de la chose (Inst., § 16; L. 2, t. 20), ni du concours de deux causes lucratives, car ce ne sont pas des cas de caducité propres aux donations à cause de mort. (Inst., ibid., § 6.)

Formes de la donation mortis causa. — La donation à

(1) Glasson, *loc. cit.*, t. XXXV, p. 455.
(2) Glasson, *loc. cit.*, t. XXXV, p. 457.

cause de mort s'effectuait le plus souvent par le transfert immédiat de la propriété, mais en convenant qu'on reviendra sur cette translation, si la condition résolutoire s'accomplit, c'est-à-dire si le donateur revient de sa maladie, d'un combat, d'un long voyage, « ut jam nunc haberet, redderet si convaluisset, vel de prælio, vel peregre rediisset [1] », ou enfin, si le donataire prédécède au donateur. Mais le donateur a pu vouloir, au contraire, garder la propriété pendant sa vie, et qu'elle ne soit transférée au donataire qu'à son décès, c'est-à-dire sous condition suspensive [2].

L'ancien droit reconnaissait trois formes de transmission de propriété par *datio* : la *mancipatio*, l'*in jure cessio* et la *traditio* ; les deux premières ont disparu sous Justinien. La *mancipatio* et l'*in jure cessio* étant des *actus legitimi*, « non recipiunt conditionem » [3], et lorsqu'on voulait transférer la propriété sous condition résolutoire, on ajoutait à la *mancipatio* une obligation conditionnelle, soit au moyen d'une clause de fiducie, soit d'une stipulation, soit d'un pacte. On pouvait aussi employer la *traditio* : sur ce dernier point, nous étudierons une question très-controversée qu'a fait naître la loi 2, *de Publiciana actione*. (D., 6, 2.)

Quand la propriété était transférée sous condition suspensive, on pouvait employer certainement la *traditio*, car elle pouvait se faire sous condition : « in traditionibus rerum quodcumque pactum sit, id valere manifestissimum est. » (L. 48, *de pactis* ; D., 2, 14.) Le donateur restait propriétaire provisoirement, et conservait ainsi l'action en revendication : « sine dubio donator poterit rem vindicare :

(1) L. 29, D., 39, 6.
(2) LL. 2 et 29, D., 39, 6.
(3) L. 77, D., *De reg. juris*, 50, 17.

mortuo eo tunc is cui donatum est. » (L. 29, D., 39, 6; L. 66, D., 6, 1. L. 7, § 3, D., 23, 3.)

Bien qu'en ce qui concerne la *mancipatio* et l'*in jure cessio,* la question soit plus délicate, les textes semblent prouver qu'on pouvait employer ces modes pour transférer la propriété d'une manière suspensive. Pour la *mancipatio,* la loi des Douze Tables avait un passage ainsi conçu : « Quum nexum faciet mancipiumve, uti lingua nuncupassit, ita jus esto », et quant à la *cessio in jure,* la loi 15 (D., 40, 1), qui est de Marcellus, parle d'une *in jure cessio* de la liberté, d'un affranchissement *vindicta* à cause de mort, lequel était évidemment fait sous condition suspensive, car on n'aurait pu affranchir un esclave sous condition résolutoire, la liberté une fois accordée ne pouvant plus être retirée. D'ailleurs, si l'on avait suivi la présomption ordinaire, on serait arrivé à ce résultat absurde que l'esclave devient libre de suite, sauf à retomber en esclavage, dans le cas de survie du donateur, du *manumissor,* autrement dit à partir de sa propre mort. Cette même loi 15 dit que l'affranchissement ne peut être fait en vue d'un danger déterminé, mais seulement en vue de la mort considérée comme le terme inévitable de la vie : « in hac specie in extremum tempus manumissoris vitæ confertur libertas; durante scilicet propter mortis causæ tacitam conditionem voluntate manumissoris ». La raison de cette exception est que l'*in jure cessio,* comme tous les *actus legitimi,* n'était pas susceptible de conditions expresses.

Mais la tradition sous condition suspensive est exceptionnelle; aussi, dans le doute, suppose-t-on toujours que la donation est faite sous condition résolutoire : « dat ut statim quidem faciat accipientis, si tamen aliquid factum fuerit aut non fuerit, velit ad se reverti : non proprie donatio dicitur; sed totum hoc donatio est, quæ sub conditione solvatur : qualis est mortis causa donatio.» (L. 1, pr., D., 39, 5.)

On faisait exception à cette présomption pour les donations *mortis causa* entre époux. A ce propos, il importe de nous y arrêter un instant, parce qu'elles étaient soumises à des règles spéciales, trop importantes pour être complétement négligées. Ces libéralités avaient toujours été permises en droit romain : l'époux marié en secondes noces put même faire des donations à cause de mort à son nouveau conjoint, mais quand il avait des enfants nés d'une précédente union, il ne pouvait donner invariablement que la part d'enfant le moins prenant. (Constit., 6; C., 5, 9.) Les libéralités *mortis causa* n'offraient, en effet, aucun des inconvénients des donations entre-vifs, leur réalisation ne s'effectuant qu'à la dissolution du mariage. (L. 9, § 2, et L. 10, D., 24, 1.) Mais pour qu'il en fût ainsi, il fallait que le donateur ne pût transférer immédiatement la propriété sous condition résolutoire à son conjoint : aussi présumait-on toujours le transfert suspensif de la propriété : « res non statim fiunt ejus cui donatæ sunt, at tunc demum quum mors insecuta est ; medio igitur tempore dominium remanet apud eum qui donavit. » (L. 11, pr., D., 24, 1.)

Le donateur avait-il eu l'intention contraire, la libéralité n'était pas nulle, on tenait même compte de cette volonté du disposant, et on la conciliait avec le principe, en faisant produire effet rétroactif à la donation, lorsqu'elle était devenue irrévocable par le prédécès du donateur : « si mortis causa inter virum et uxorem donatio facta sit, morte secuta reducitur ad id tempus donatio, quo interposita fuisset. » (L. 40, D., 39, 6. L. 11, § 9, D., 24, 1.) Cette loi 40 est bien formelle; M. Glasson croit cependant qu'en cas d'incertitude sur la volonté de l'époux donateur, on ne présume jamais qu'il a voulu faire une donation avec effet rétroactif; il se fonde sur les lois 10 et 11 (D., 24, 1); la dernière de ces lois est le siége de graves et nombreuses difficultés qu'il ne rentre pas dans le cadre de cette étude d'approfondir.

Quand le donateur avait manifesté l'intention d'abdiquer dès à présent la propriété, on tenait donc compte, dans une certaine mesure, de sa volonté, et cette interprétation avait des conséquences pratiques, dont la loi 20 (D., 24, 1) donne un exemple. Mais on sauvegardait toujours la règle fondamentale : le donateur pendant sa vie restait propriétaire : « Servus uxori a marito mortis causa donatus mariti manet » (Loi 76, D., 28, 5), même s'il a fait tradition de la chose donnée à son conjoint. La loi XI § 9, déjà citée (D., 24, 1) tire la conséquence de ce principe : si ce conjoint donataire, auquel la chose a été livrée, la livre lui-même à un tiers, la tradition sera nulle, si la donation, en supposant qu'elle ne soit pas entre époux, n'aurait pas eu pour effet de transférer de suite la propriété sous condition résolutoire du prédécès du donataire. Alors, en effet, l'époux donateur est resté propriétaire. Au contraire, si la condition aurait eu pour effet, en droit commun, de transférer la propriété, non pas sous condition suspensive, mais sous condition résolutoire, alors la tradition faite par le conjoint donateur est en suspens, jusqu'au jour où le sort de la donation sera connu.

Un second caractère des donations *mortis causa* entre époux, est qu'en cas de caducité de la donation, le donateur a l'action en revendication, tandis qu'en pareille hypothèse, en droit commun, le donateur qui a transféré la propriété, n'a qu'une *condictio* pour la reprendre. (Loi 52, § 1, D., 24, 1.)

Contrairement aux règles des donations entre vifs, le conjoint donateur *mortis causa* ne pouvait renoncer à son droit de révocation. Aucun texte ne le dit expressément, mais cette solution ressort du motif même, qui a fait tolérer les donations à cause de mort entre époux, tandis que les libéralités ordinaires étaient prohibées. Si l'on avait défendu le transport immédiat de la propriété, à plus forte raison devait-on prohiber la renonciation au droit de révocation, une telle clause eût été de style. La loi XI, § 1 (D., 24, 1) n'est pas du tout contraire à ce sentiment; en disant : « omnis mortis causa donatio valet inter virum et uxorem, » Ulpien enseigne que les époux peuvent se faire des donations, en se transférant la propriété sous condition suspensive, ou sous condition résolutoire comme les *extranei*, bien, comme nous l'avons vu, qu'on ne tienne pas tout à fait compte, au second cas, de la volonté du disposant. La révocation pouvait être expresse ou tacite ; on pouvait même l'induire du divorce. (Loi XI, § 10, D., 24, 1.)

Un dernier caractère spécial à la donation à cause de mort entre époux, c'est que la *media capitis deminutio* du donateur ne faisait pas tomber la libéralité, mais la femme donataire devenait immédiatement propriétaire, et le donateur conservait son droit de révocation jusqu'à sa mort. (Loi 13, 1, D., 24, 1.) Il n'en était pas de même au cas de donation *mortis causa* ordinaire. (Loi 7, D. 39, 6.)

Si la donation à cause de mort entre époux est d'une *res aliena*, devra-t-on admettre, en ce qui touche l'usucapion, la distinction ci-dessus, et dire qu'elle commencera, tantôt du jour de la tradition, tantôt du jour de l'arrivée de la condition ? M. Bufnoir [1] soutient cette opinion, mais bien que nous adoptions son sentiment sur la rétroactivité de la condition, dans les donations *mortis causa* ordinaires,

[1] BUFNOIR, *Théorie de la condition*, p. 430.

comme nous l'expliquerons plus bas, nous estimons que pour les donations entre époux, il faut rejeter toute distinction, en présence du texte formel de la loi 25 (D., 24, 1), qui dit que l'usucapion commence de suite, *confestim*, dès le moment de la tradition. Cette loi est spéciale aux donations entre époux, elle ne préjuge en rien la question de savoir, si la condition produit ou ne produit pas un effet rétroactif, et si, conséquemment, l'usucapion commence ou non du jour de la tradition, dans les donations ordinaires à cause de mort [1].

En parlant du transfert de la propriété dans la donation à cause de mort, nous avons été amené à parler de la *datio*, qui est le premier mode ou la première forme que pouvait revêtir toute donation, *datio* comprenant la *mancipatio*, l'*in jure cessio* et la *traditio*. La donation *mortis causa*, comme les donations ordinaires, n'était pas soumise à des règles de forme spéciales. L'enrichissement conféré au donataire pouvait résulter, soit, comme nous le savons, d'une *datio*, c'est-à-dire d'une transmission de propriété ou d'un droit réel ; d'une *obligatio*, c'est-à-dire d'un rapport obligatoire créé au profit du donataire ; d'une *liberatio*, c'est-à-dire d'une remise de dette : une donation à cause de mort se fait donc *dando, obligando, liberando*.

Avant d'étudier le second mode l'*obligatio*, il faut examiner deux questions controversées, dont l'une a déjà été signalée plus haut :

La première, est celle de savoir, si la loi Cincia s'appliquait aux donations à cause de mort, et la seconde, si le seul échange des consentements suffisait, par exception à tous les principes, dans les donations à cause de mort, pour transférer la propriété, indépendamment des modes ordinaires, la *mancipatio*, l'*in jure cessio* et la *traditio*.

(1) En sens contraire. — Glasson, *loc. cit.*, t. XXXV, p. 446.

— La loi Cincia s'appliquait-elle aux donations à cause de mort ?

Rendue en l'an 550 de la fondation de Rome, époque où certainement les donations à cause de mort étaient connues, cette loi contenait d'abord un chapitre, où il est défendu, « ne quis ob causam orandam pecuniam donumve accipiat. » Elle fixait ensuite un certain taux qui ne pouvait être dépassé qu'au profit des plus proches parents et de quelques alliés du donateur. Mais quand le *modus* avait été dépassé, le donateur n'avait pas d'action pour répéter, mais seulement une exception *quasi popularis* pour repousser les prétentions du donataire, s'il n'avait pas encore exécuté la libéralité, c'est ce qu'on exprimait en disant que la loi était *imperfecta*. Cette exception s'évanouissait, *morte removetur*, si le donateur mourait sans avoir eu l'intention d'en user. Le taux fixé par la loi Cincia est inconnu. (Frag. Vat. § 266, 298 et suiv., 310 et suiv.)

M. de Savigny [1] pense que la loi Cincia s'appliquait aux donations à cause de mort, et que l'exception de cette loi pouvait être utile aux héritiers du donateur, plus ou moins, suivant que l'on admet que la règle *morte removetur* a toujours été acceptée, ou qu'elle ne remonte pas très-haut. Au premier cas, elle ne peut leur être utile, que dans l'hypothèse où le donateur a renoncé à son droit de révocation, et pouvait exciper de la loi Cincia. Au second, les héritiers pouvaient invoquer le bénéfice de la loi.

M. Glasson [2] est de l'avis contraire, et nous adoptons son sentiment : en effet, les fragments du Vatican

[1] SAVIGNY, t. IV, § 174, p. 280. — ORTOLAN, t. II, *Instit.* n° 560.

[2] GLASSON, *loc. cit.*, t. XXXIV, n° 25, p. 501.

sont muets sur ce point; les donations à cause de mort échappaient donc à la loi Cincia, précisément parce qu'elles étaient révocables au gré du donateur, et c'est peut être par extension de ce qui avait lieu pour les donations à cause de mort, qu'on refuse aux héritiers du donateur, le droit d'invoquer les nullités de la loi Cincia, quand leur auteur était mort sans avoir manifesté l'intention de révoquer.

— La seconde question controversée naît d'un texte de Paul, que les compilateurs du Digeste ont supprimé en partie, pour le rapprocher de la loi précédente, et en compléter la disposition. Ces deux textes doivent donc rester unis dans l'argumentation.

Loi 1, § 2 (*D.*, *de Publiciana in rem actione*, 6, 2) : « Sed cur traditionis duntaxat et usucapionis fecit mentionem, quum satis multæ sunt juris partes quibus dominium quis nancisceretur? Ut puta legatum.» Loi 2 (*eod. tit.*) : « Vel mortis causa donationes factæ,» etc.

La première loi est d'Ulpien, la seconde de Paul. La meilleure manière d'élucider un point de droit obscur, est, en général, de lire le texte sans préoccupation divergente, et le sens qui se présente naturellement à l'esprit, est ordinairement le plus vrai. Or, de quoi s'agit-il dans ces lois ? C'est à propos de l'action Publicienne qu'Ulpien dit que le préteur aurait dû mentionner, dans l'édit, d'autres modes d'acquérir que la tradition et l'usucapion, que les legs sont aussi un mode d'acquérir, et ajoute Paul, ou plutôt les compilateurs du Digeste, car le texte de Paul est incomplet, et l'on ne sait trop quelle hypothèse il envisage, les donations à cause de mort. Nous savons que les jurisconsultes romains étaient tous portés plus ou moins à assimiler les donations à cause de mort aux legs, quelques-uns cependant les rapprochaient des donations entre vifs. Or, Paul était de la première catégorie ; quant aux compilateurs, comme Justinien avait presque assimilé les donations aux legs, quoi d'étonnant à ce qu'ils aient été portés à les juxtaposer, sans réfléchir que leur solution, à l'espèce de la Publicienne, était erronée? C'est là, croyons-nous, la meilleure interprétation, car le texte est général, ce qui rend difficiles à admettre les hypothèses spéciales que font MM. de Savigny (1) et Pellat (2). « Le texte de Paul, dit le premier, se rapporte sans doute à un cas particulier, où la donation s'était effectuée par la mancipation sans tradition et où le donataire, après la mort du donateur, s'était mis seul en possession. On pouvait dire alors qu'il était devenu propriétaire sans tradition, et si, par hasard, le donateur n'avait pas la propriété, le donataire profite de l'usucapion, et par conséquent de la Publicienne, etc.»

M. Pellat dit que Paul suppose, dans la loi 2, une donation faite par tradition, mais sous condition suspensive du prédécès du donateur. M. Glasson (3) s'attache à réfuter ces deux opinions, et nous ne pouvons pour compléter cette discussion que renvoyer à sa savante monographie.

— La donation à cause de mort peut, en second lieu, être faite *obligando*, sous la forme d'une obligation. Au lieu de transférer la propriété d'une chose, le donateur pouvait promettre de donner *mortis causa* un objet quelconque, habituellement une somme d'argent. Cette promesse, qui constituait une créance pour le donataire, pouvait consister en une *stipulation*, en une *délégation* ou en une *expensilatio*. Reprenons chacun de ces modes, et d'abord la *stipulation*. *Spondesne mihi mortis causa*

(1) Savigny, *loc. cit.*, pp. 248 et 249.

(2) Pellat, *Sur la propriété*, p. 460.

(3) Glasson, *loc. cit.*, t. XXXIV, n° 28, pp. 506 et 507.

dare? dira le donataire, et le donateur répondra : *Spondeo.* La promesse de donner *post mortem suam* était déclarée nulle par les jurisconsultes romains, parce que l'obligation prenait naissance sur la tête de l'héritier, mais il n'en est pas de même ici : le donataire acquiert, au moment de la stipulation, une créance qui passe à ses héritiers par transmission, comme toutes ses autres créances, ses dettes, ses obligations : l'exécution de la stipulation, de la promesse, est seule différée à la mort du donateur. Si ce dernier survit au donataire, il aura la *condictio* pour obtenir l'extinction de son obligation ; c'est ce que dit la loi 76 (D., 23, 3) : « Nam ut corporis vel pecuniæ translatæ, ita obligationis constitutæ mortis causa condictio est. » Cela prouve que l'*obligatio* ou *promissio mortis causa* n'était pas toujours conditionnelle, qu'elle pouvait être à terme, autrement la *condictio* n'aurait pas été utile, la défaillance de la condition aurait suffi pour anéantir l'obligation du donateur.

Tous les auteurs n'expliquent pas de cette manière la validité de la *promissio mortis causa* : « La validité d'une pareille stipulation, dit M. de Savigny [1], n'était pas contestée, néanmoins elle n'avait d'effet que contre les héritiers, et d'autres stipulations du même genre étaient déclarées nulles par les jurisconsultes romains. Voici, sans doute, comment on envisageait la chose : le donateur promettait de se constituer débiteur au dernier moment de sa vie, *cum moriar*, et ici, comme dans d'autres cas, cet engagement était valable. » Invoquant ensuite la loi 76 *princ.*, ci-dessus, le jurisconsulte allemand dit que les deux formes de stipulations rapprochées dans le texte : « Mortis causa dotis promissio, et in tempus quo moreretur donator promissio, » prouvent qu'elles sont

(1) Savigny, *loc. cit.*, p. 252, et note *aa*.

placées sur la même ligne, et que la première est interprétée comme la seconde. M. de Savigny invoque encore la loi 15 (D., 40, 1), mais cette loi est étrangère à la question traitée.

M. Pellat [1] suppose que le texte a été interpolé. Voici la loi 76 (D., 23, 3) dont il s'agit : « Si pater mulieris mortis suæ causa dotem promiserit, valet promissio : nam et si in tempus, quo ipse moreretur promississet, obligaretur. » Le jurisconsulte romain, Tryphoninus, aurait écrit, suivant M. Pellat : « Si pater mulieris mortis suæ causa dotem dixerit, valet dictio », et Tribonien aurait substitué *promiserit* et *promissio* ; ce qui le prouve, c'est que la comparaison n'a pas de sens, se trouvant établie entre deux termes identiques.

Nous estimons qu'on peut expliquer ce texte sans supposer une interpolation. On sait, en effet, que la *promissio mortis causa* pouvait être faite à terme ou sous condition, et, dans le doute, dit la loi 76, on présumera que l'obligation est pure et simple, mais à terme, l'exécution ne pourra en être demandée qu'à la mort du donateur : *cum moriar* [2].

En second lieu, on pouvait donner à cause de mort par *délégation*, c'est ce que prouve la loi 18, § 1 à notre titre :

1re hypothèse : « Si, dans l'intention de me faire une donation à cause de mort, vous ordonnez, *delegaveris*, à votre débiteur de payer à mon créancier, j'acquiers, à cause de mort, la somme dont je suis libéré vis-à-vis de mon créancier. »

2e hypothèse : « Mais si je me fais faire à moi-même une promesse par votre débiteur, je ne suis censé acqué-

(1) Pellat, *Textes sur la dot*, p. 389.

(2) Glasson, *loc. cit.*, n° 30, p. 556.

rir à cause de mort, que la somme pour laquelle votre débiteur se trouvera solvable : « nam etsi convaluisset creditor idemque donator condictione, aut in factum actione debitoris obligationem duntaxat reciperet ».

Pouvait-on faire une donation par simple pacte? Nous traiterons plus bas cette question d'une manière explicite, en étudiant les innovations de Justinien : ce serait faire une digression inutile que de scinder ce point délicat, qui demande, pour être bien compris, à être envisagé sous toues ses faces.

Enfin, la donation *obligando* pouvait être accomplie au moyen d'un contrat *litteris*. Cette opinion est confirmée par un passage de Valère-Maxime (1) : un chevalier romain, *gravi morbo correptus*, fit une donation de trois cent mille écus à une femme du nom d'Oracilia, et quel mode emploie-t-il ? l'*expensilatio* : « quæ sibi expensa ab Oracilia ferri passus est. » Du moment que la donation entre-vifs pouvait se faire ainsi, pourquoi n'en aurait-il pas été de même pour la donation à cause de mort, en concédant, ce qui est douteux, que le texte ait trait à la première et non à la seconde.

— La dernière forme que l'on pouvait employer était la *liberatio*, c'est-à-dire la libération d'une dette, ce qui pouvait s'effectuer par *acceptilatio* ou pacte *de non petendo*. De même, le créancier pouvait se laisser déléguer comme débiteur du donataire, *animo novandi*. En tout cas, il fallait une convention, l'acceptation du donataire, la simple déclaration de volonté était insuffisante : dans ce cas, il y avait seulement fidéicommis, c'est ce qui résulte de deux lois, des lois 28 et 18, § 2 à notre titre (D., 39, 6), qui sont expliquées par M. de Savigny (2).

(1) Valère-Maxime, *De dictis factisque memorabilibus*, lib. VIII, cap. 2.

(2) Savigny, *loc. cit.*, p. 255, note *cc*.

Dans la première, le créancier annonce au débiteur sa libération, en vue d'une donation à cause de mort. Le débiteur aura une *doli exceptio* qu'il pourra opposer aux héritiers du défunt, mais non l'*exceptio pacti conventi*, car il n'y a pas eu d'acceptation.

Dans la loi 18, § 2, c'est une hypothèse analogue : une créancière voulant faire une donation à cause de mort, une remise à ses débiteurs, livre ses titres de créance, *chirographa*, à un tiers et le charge de remettre ces titres aux débiteurs, au cas où elle viendrait à mourir. Le cas se réalise, et l'on dit alors de l'héritière : « Vel pacti conventi, vel doli mali exceptione summoveri posse » : *pacti*, si les débiteurs ont accepté ; *doli*, dans le cas contraire, parce qu'au cas de non acceptation, il y a fidéicommis.

Telles étaient les formes de la donation à cause de mort, formes qui étaient tantôt celles de la *stipulatio*, de l'*acceptilatio*, etc. Sous Antonin-le-Pieux, le seul consentement suffit à la validité des donations entre enfants et ascendants, donations entre-vifs, donations à cause de mort [1]. — Avec Constance Chlore, elles furent soumises à l'insinuation [2]. — Constantin exige la rédaction d'un acte écrit et la présence de plusieurs témoins, mais sans attacher la peine de nullité à l'inobservation de cette règle. On a trois versions différentes de cette constitution [3]. — Théodose et Valentinien, et plus tard Zénon, déclarent valables les donations même faites sans écrit, pourvu qu'elles soient constatées dans d'autres docu-

(1) L. 4, C. Théod., *De donat.*, 8, 12. — DEMANGEAT, t. I, p. 559.

(2) Constit. I, C. Théod., 3, 5, *De sponsalibus et ant. nupt. donat.*

(3) Fragm. Vat., § 249. — L. 25, C., *De donat.*, 8, 54. — Constit., I, C. Théod., *De donat.*, 8, 12.

ments. Leur constitution s'applique comme celle de Constantin, aux donations à cause de mort [1].

Passant aux innovations de Justinien, nous trouvons une première constitution de 530, qui forme la loi 4 au Code (8, 57) ; elle a pour but de fixer une controverse existant sur le point de savoir si les donations à cause de mort étaient ou non soumises à l'insinuation. Justinien a tranché cette question, mais sa constitution 4 a été elle-même la matière de discussions nouvelles et plus nombreuses. Voici, à notre avis, quelles ont été les dispositions édictées par l'empereur :

1° D'abord l'insinuation a été supprimée pour les donations à cause de mort. M. de Savigny croit au contraire que celui qui veut donner *mortis causa*, peut à son choix employer l'ancienne forme de la donation, ou celle des codicilles. Dans le premier cas, si la valeur de la donation excède 500 solidi, l'insinuation est nécessaire; dans le second cas, quelle que soit la valeur, la présence de cinq témoins suffit comme pour tout codicille [2]. Nous ne pouvons admettre cette opinion, car en tranchant la difficulté qu'il signale, au début de sa constitution, Justinien n'aurait pas manqué, avec sa prolixité bien connue, de dire que le donateur *mortis causa* aurait le choix entre l'insinuation et la présence de cinq témoins; toutefois ce n'est pas, comme on l'a dit, l'assimilation des donations à cause de mort aux legs, qui aurait conduit à supprimer l'insinuation. Le rapprochement des dates de trois constitutions de Justinien va d'ailleurs prouver notre doctrine jusqu'à l'évidence. Par une première constitution, qui forme la loi 34 (C. 8, 54) et qui est de novembre 529, Justinien dispense les donations

(1) Savigny, *loc. cit.*, p. 265,

(2) Constit. 29, C. 8, 54.

de moins de 300 solidi de l'insinuation ; puis, par une seconde de novembre 531, qui forme la loi 36 (eod. tit.), celles de moins de 500 solidi. Et dans ces constitutions, il s'agit seulement des donations entre-vifs, cela résulte bien du texte de la constitution 34 *princ.*, et de la constitution 4 (C. 9, 57), qui mentionne la controverse existant sur le point de savoir, si la donation *mortis causa* devait ou non être insinuée, controverse qui eût été sans fondement, si la constitution 34 eut envisagé les donations à cause de mort comme les autres, puisque la constitution 4, de septembre 530, lui est postérieure. Enfin cette constitution 4 ne fait aucune allusion aux donations inférieures ou supérieures à 300 solides.

L'objection de M. de Savigny nous conduit également à dire que la présence des cinq témoins est une forme propre et spéciale aux donations à cause de mort, et que Justinien n'a pas voulu simplement leur appliquer les règles du codicille. Nous ne sommes pas arrêté par cette observation du même jurisconsulte, disant « qu'un pareil isolement est difficile à admettre, surtout lorsque la forme nouvelle et sommairement indiquée tient de si près à une forme déjà connue, etc. » (1). Si Justinien avait voulu remplacer l'insinuation par les règles des codicilles, il aurait certainement inséré une disposition à cet égard dans sa constitution 4 (2). Les conséquences de cette doctrine sont fort importantes : M. de Savigny applique aux donations à cause de mort les règles des codicilles, dans notre opinion on ne les applique pas (3). Enfin, dirons-nous, avant de passer au second point, la donation *mortis causa* ne peut pas se faire par testament :

(1) SAVIGNY, *loc. cit.*, p. 267.
(2) GLASSON, *loc. cit.*, t. XXXV, n° 45 3°, pp. 64 et 65.
(3) SAVIGNY, *loc. cit.*, p. 268.

aucun texte ne le permet, et d'ailleurs les règles de ces deux modes de disposer ne sont pas les mêmes. Cette raison nous fait aussi décider que, pour les donations de *res*, la tradition continue à être exigée, et qu'il n'y a pas lieu de décider comme au cas de legs *per vindicationem*, car tout en se rapprochant des legs, la donation à cause de mort conserve ses règles et ses caractères spéciaux [1].

2° La présence des cinq témoins a-t-elle du moins été exigée pour toutes les donations *mortis causa?* M. de Savigny soutenant l'opinion contraire, qui découle de celle qu'il adopte sur le premier point, dit en réfutant celle que nous adoptons : « En effet l'on ne pourrait donner valablement *mortis causa* 300 solidi par simple tradition, ou 800 par tradition avec insinuation, sans la présence de cinq témoins. Or, personne ne doute qu'une donation entre-vifs, faite dans de semblables circonstances, ne soit valable. Ainsi donc les formalités suffisantes pour l'acte plus grave et plus dangereux, ne suffiraient pas pour l'acte moins dangereux et moins grave » [2]. Nous répondrons, ce nous semble, victorieusement, à cette objection, par le même rapprochement de dates que plus haut. Ayant montré que la constitution 34 ne concerne que les donations entre-vifs, il faut nécessairement conclure que la constitution 36 ne concerne que les donations à cause de mort, son texte du reste le prouve, et elle aurait dû les mentionner au cas contraire.

3° La constitution 35 § 5 (C. 8, 54) qui fait de la donation un pacte légitime, en généralisant des constitutions précédentes d'Antonin-le-Pieux et de Constantin, s'applique-t-elle aux donations à cause de mort? « Si,

(1) En sens contraire, ORTOLAN, t. II, n° 563.
(2) SAVIGNY, *loc. cit.*, p. 266.

comme tout le monde le reconnaît, dit M. de Savigny ([1]), le simple pacte peut effectuer une donation ordinaire, cela présente moins d'inconvénient encore pour la *mortis causa donatio*, bien moins dangereuse tant à cause de la condition de la mort que du droit de révocation. » C'est là le seul argument sérieux de la doctrine contraire, mais il ne peut se soutenir en présence des termes et des dispositions de la constitution, des motifs qui y sont indiqués, et qui ne peuvent s'appliquer aux donations à cause de mort. Enfin la place qu'occupent la constitution 35, et le paragraphe 2 *de donationibus* (Inst. 2, 7), la date des constitutions 4 *de mortis causa donationibus*, et 35 précitées, qui est la même, toutes ces raisons, prouvent que Justinien a régi séparément les donations à cause de mort.

On s'est demandé en dernier lieu, si la constitution 4 avait fait de la donation *mortis causa* un acte unilatéral comme les legs, se fondant sur les derniers mots de ce texte : *omnes effectus sortiatur* etc. Nous avons déjà dit que, même depuis Justinien, la donation à cause de mort a conservé ses règles propres, malgré ses affinités plus nombreuses avec les legs, point qui trouvera sa place à la fin de cette étude. Qu'il nous suffise d'ajouter que la constitution 4, rapprochée de la novelle 87, met plus en évidence le double but de Justinien. Dans cette novelle déjà citée, l'empereur commente sa constitution 4 : *nam quum scirent* etc., ou plutôt le but qu'il a eu en vue, lequel a été : 1° de supprimer l'insinuation en la remplaçant par la formalité des cinq témoins ; 2° de trancher la controverse préexistante, en assimilant la donation à cause de mort aux legs et non aux donations entre-vifs.

Avant d'étudier les effets de la donation à cause de

([1]) Savigny, *loc. cit.*, p. 254.

mort, et de terminer la première partie de cette dissertation, il faut résoudre deux points importants : quelles sont les choses que l'on peut donner, et quelle est la capacité nécessaire pour faire une donation *mortis causa*.

1° Choses qui peuvent faire l'objet d'une donation à cause de mort.

Peuvent être données à ce titre, toutes choses qui sont dans le commerce, un usufruit, une servitude, une créance, en appliquant à chaque espèce les règles qui lui sont propres. On peut même donner la chose d'autrui ; le donataire en acquerra la propriété par l'usucapion, la donation à cause de mort étant une *justa causa usucapiendi* : « si alienam rem mortis causa donavero, eaque usucapta fuerit, verus dominus eam condicere non potest, sed ego si convaluero. » (L. 13, pr., L. 23, D., 39, 6.)

En matière de legs d'une chose *in genere*, le choix appartient au légataire (§ 22, Inst. *de legatis*), en est-il de même dans les donations *mortis causa*? Nous savons que Justinien a assimilé par sa constitution 4 ces donations aux legs, mais pas en tous points. Comme cette donation se fait toujours par *stipulatio*, et que, dans ce cas, le choix est au promettant, nous appliquerons ce principe, en le restreignant par la théorie qui se dégage de la loi 1 à notre titre : le donataire est préféré aux héritiers du donateur, mais celui-ci se préfère au donataire. Donc, si la donation s'exécute après la mort du donateur, il est juste qu'il puisse choisir ; si au contraire elle s'exécute de son vivant, sauf le cas de la condition résolutoire, alors on doit donner le choix au promettant, c'est-à-dire au donateur.

Si l'objet de la donation est une rente promise par stipulation, la disposition sera une, et non pas comme en matière de legs, pure et simple pour la première annuité, et conditionnelle pour les suivantes (loi 11, D., *de annuis legatis*, 33, 1) (loi 22, D., 39, 6), parce que la stipulation fait acquérir une fois pour toutes, au jour du décès, l'objet de la donation *mortis causa*, pourvu bien entendu que les annuités courent du vivant du donateur, tout en n'étant exigibles qu'à son décès, autrement il y aurait une donation *post mortem*, une donation prohibée (L. 34, D., 39, 6).

Enfin on peut donner à cause de mort des choses particulières, une *universitas juris*, par exemple une hérédité, même tous ses biens. A ce propos, il importe d'expliquer une loi célèbre, la loi 42 à notre titre, et de voir si l'interprétation de l'illustre jurisconsulte Papinien, dans l'espèce qui lui était soumise, n'est pas sujette à critique. Enumérons les cas spécifiés dans ce texte :

1° Donation de tous ces biens par Seia au profit de Titius, son cognat.

2° Premier pacte adjoint, contenant réserve d'usufruit au profit de la donatrice.

3° Deuxième pacte adjoint, contenant retour de la nue propriété en cas de prédécès de Titius.

4° Troisième pacte adjoint : si Seia décède avant les enfants de Titius, la pleine propriété recouvrée sera retransférée définitivement à ceux-ci.

Titius décède le premier, Seia reste usufruitière, mais ne recouvre pas la nue propriété *ipso jure* par la caducité de la donation ; les héritiers de Titius restés propriétaires, lui intentent une action en revendication, à laquelle Seia oppose l'exception de dol, fondée sur le deuxième pacte, et les héritiers espèrent la repousser, en demandant une caution qui leur assure l'exécution du troisième pacte pour le cas de prédécès de la donatrice. Papinien consulté se demande si Seia peut être obligée à donner caution : est-ce une donation nouvelle que les héritiers invoquent, ou bien celle de leur auteur modifiée par des pactes. Au premier cas, ils ne peuvent pas demander caution, car aucune donation valable n'est intervenue entre eux et Seia, mais la donation faite à Titius était-elle entre-vifs, ou à cause de mort ; si elle est entre-vifs, il n'y a pas caducité, mais seulement ouverture du deuxième pacte, et la caution peut être exigée en vertu du troisième. Au contraire, si la donation est à cause de mort, le prédécès de Titius l'a rendue caduque, et comme Seia n'a fait aucune donation à ses héritiers, ceux-ci ne peuvent invoquer la donation caduque faite à leur auteur, pour exiger caution : « Utrum ergo certæ conditionis donatio fuit, an quæ mortis consilium ac titulum haberet ? sed denegari non potest mortis causa factam videri » dit Papinien, c'est une donation à cause de mort. Les héritiers de Titius sont obligés de retransférer la propriété à Seia, sans pouvoir exiger caution « quoniam sequens donatio extorqueri videatur ». « Muliere denique postea, ajoute le jurisconsulte, diem functa, liberi Titii, si cautionem ex consensu mulieris acceperint, contributioni propter Falcidiam ex persona sua tenebuntur ».

M. Glasson [1] critique cette solution de Papinien ; c'est, suivant lui, surtout une question d'interprétation ; or il faut autant que possible faire produire effet à toutes les clauses des conventions, et dans la doctrine de Papinien, on ne tient pas compte du troisième pacte. La condition résolutoire du prédécès de Titius, qui a frappé le jurisconsulte, ne peut-elle pas s'adjoindre à une donation entre-vifs, cela suffit pour attribuer à la libéralité le caractère de donation à cause de mort. A quoi bon, d'ailleurs, le deuxième pacte avec la solution de Papinien, le prédécès du donataire est une cause essentielle de caducité. Il valait donc mieux décider que la donation était

[1] Glasson, *loc. cit.*, t. XXXV, n° 53, pp. 175-176.

entre-vifs, et permettre aux héritiers d'exiger caution, conformément du reste au troisième pacte.

2° Capacité requise en matière de donation *mortis causa*.

Une question hors de doute, c'est que le donateur doit pouvoir employer la forme que revêt la donation, *l'in jure cessio*, la *mancipatio*, la *stipulatio*. Mais il doit avoir aussi la capacité de faire un testament, la *testamenti factio* active. M. de Savigny [1] ne le pense pas : « Il est certain, dit-il, que la donation pour cause de mort peut avoir lieu entre personnes qui n'ont pas le droit de *testamenti factio*, et tels sont évidemment les *peregrini* ». A cette affirmation nous opposons trois textes qui prouvent l'erreur de ce jurisconsulte, malgré les explications qu'il a essayé d'en fournir. Un premier dit que le pupille ne peut pas donner *mortis causa*, parce qu'il n'a pas la *factio testamenti* : « Sicuti testamenti factio pupillis concessa non est, ita nec mortis quidem causa donationes permittendæ sunt » (L. 1, § 1, D., 27, 3). M. de Savigny interprète ce texte en disant : « Ici, *testamenti factio* désigne la capacité de tester, refusée au pupille à cause de son âge. Le même motif le rend incapable de faire aucune aliénation, ce qui n'a certainement aucun rapport avec la *testamenti factio* » [2]. Mais nous remarquerons que le pupille peut aliéner sous certaines conditions, tandis qu'il ne peut pas tester. Deux autres textes, les lois 32, § 8 (D., de donat. int. vir. et ux., 24, 1) et 7, § 6 (D., de donat. 39, 5) confirment encore notre opinion : « nam et mortis causa donare poterit cui testari permissum est », dit le premier ; « donare et mortis causa possint quum testamenti factionem habeant », ajoute la loi 7, § 6 pré-

(1) Savigny, *loc. cit.*, p. 262.
(2) Savigny, *loc. cit.*, p. 263, note *u*.

citée. M. de Savigny a encore essayé de les expliquer suivant son système, mais ces lois sont trop explicites, pour qu'on puisse les récuser. Le même jurisconsulte, et ceux qui admettent sa doctrine, en concluent que le *peregrinus* peut faire une donation à cause de mort par tradition, ou par stipulation, mais à condition de ne pas employer la formule *spondes*. La conséquence de notre opinion est contraire, mais le *peregrinus certæ civitatis civis*, pourra toujours faire une donation de ce genre, conformément aux lois de son pays [1]. Marcien, dans la loi 25 § 1 à notre titre, dit que le fils de famille qui ne peut pas faire un testament, même du consentement de son père, peut cependant avec sa permission, faire une donation à cause de mort. Cette loi ne contredit pas ce que nous venons d'avancer, car elle suppose une donation du pécule *profectice*, auquel cas c'est le père, le propriétaire, qui est censé faire la donation par l'intermédiaire de son fils, et en vue de la mort de celui-ci. (L. 11, D., 39, 6). Il n'en est pas de même pour le pécule *adventice*, et ce contraste est frappant : le fils étant propriétaire de ce pécule il serait donateur, or comme il ne pouvait pas faire de testament sur ce pécule, aucun texte ne lui permet d'en disposer *mortis causa*. En ce qui touche les pécules *castrense* et, depuis Justinien, *quasi castrense*, le fils de famille pouvait en disposer *mortis causa* et par testament (L. 7, § 6, D., 39, 5). Le droit de révocation lui appartenait par conséquent, et à lui seul ; quant au pécule *profectice*, nous accorderions ce droit au père et au fils : au père en qualité de propriétaire, au fils, en qualité de délégataire et de partie, dans l'acte de donation. Ce n'est d'ailleurs que successivement, que le fils de famille a ainsi acquis la liberté de disposer de certains pécules, et

(1) GLASSON, *loc cit.*, t. XXXV, p. 180.

il serait trop long de suivre les développements apportés successivement sur ce point au droit primitif. (Inst. § 6 de milit. test. 2, 11). (Const. 37, C. de inoff. test. 3, 28). (Instit. L. 2, t. 12 pr.). (Const. 11. C., 6, 23).

Pour les femmes, il y eut également des développements successifs dans la législation : incapables d'abord de tester, sauf les Vestales et les femmes sans agnats (Gaius, Comm. III, § 43), et conséquemment de donner *mortis causa*, elles le purent ensuite au moyen de la *coemptio*, mais quand elles étaient en tutelle, elles devaient obtenir l'*auctoritas tutoris*, pour donner les choses *mancipi* (Gaius, Comm. II, § 19 et 20. Comm. III, § 103 et 108).

Enfin ceux qui avaient subi la *maxima* ou la *media capitis deminutio*, ne pouvaient faire ni testament, ni donation *mortis causa* (L. 7, D., 39, 6) ; il en était de même des Latins Juniens et des déditices, jusqu'à Justinien (Ulp. lib. reg. t. 20, § 14).

En ce qui touche les personnes *sui juris*, les *furiosi* et les *infantes* ne peuvent ni faire un testament, ni faire par conséquent une donation à cause de mort, quoique le fou puisse d'ailleurs donner *mortis causa* dans les intervalles lucides : « furiosi autem, si per id tempus fecerint testamentum, quo furor eorum intermissus est, jure testati esse videntur ». (Inst., § 1, l. 2, t. 12 ; Const. 9, C. 6, 22). Le prodigue est assimilé au *furiosus* (Inst., loc. cit. § 2). Jusqu'à Justinien, le sourd et le muet ne pouvaient tester (Ulp. reg. t. 20 § 13 ; Instit. loc. cit. § 3). Les pupilles, même *pubertati proximi*, ne peuvent donner *mortis causa*, parce que le testament n'est permis qu'aux pubères (L. 1, § 1 et 2, D., 27, 3). Les mineurs de vingt-cinq ans pouvaient tester, leur capacité était même complète, sauf l'*in integrum restitutio* du préteur. La constitution 3 (C. 2, 22) de Dioclétien et Maximien, a appliqué à ceux non pourvus de curateurs, le sénatus-consulte qui défendait d'aliéner, sans un décret du magistrat, les *prædia rustica vel suburbana*, à peine de nullité de l'aliénation (Const. 11 et 15, C. 5, 71 ; Const. 5, C. 5, 72 ; Demangeat, t. 1, page 392 et 394). Les mineurs de vingt-cinq ans non pourvus de curateurs, ont pu, après comme avant cette constitution, s'obliger valablement (L. 101, 141, § 2, D., 45, 1), et faire des donations à cause de mort par aliénation, car aucun texte ne le leur défend, et d'ailleurs comme le donateur *mortis causa* ne se dépouille réellement qu'à son décès, et a la faculté de révocation, le même motif n'existait pas comme pour les libéralités entre-vifs.

Disons, en terminant ce premier point, que la nécessité d'avoir la *testamenti factio* pour donner *mortis causa*, n'est pas apparue dès l'origine : elle n'a été admise que sous diverses influences, celle des lois Furia et Voconia, des sénatus-consultes qui appliquent les lois caducaires aux libéralités *mortis causa*, et qui les soumettent à la Falcidie.

Nous avons vu que le donateur doit réunir deux conditions : capacité de faire l'acte par lequel la donation *mortis causa* est formée, en second lieu capacité de faire un testament. Le donataire doit, outre la capacité de faire l'acte et d'être institué héritier, avoir le *jus capiendi*. C'est un sénatus-consulte dont le nom est inconnu, mais qui nous est révélé par la loi 35 *princ.*, à notre titre, qui exigea pour les donations *mortis causa*, le *jus capiendi*, afin de parer aux fraudes que l'on faisait aux lois Julia et Papia Poppæa, lesquelles ne s'appliquaient qu'aux institutions d'héritiers et aux legs : « Senatus censuit placere mortis causa donationes factas in eos quos lex prohibet capere, in eadem causa haberi in qua essent, quæ testamento his legata essent quibus capere per legem non liceret. » Depuis ce sénatus-consulte, toutes les dispositions des lois caducaires, les exceptions consacrées par ces lois, même les règles sur la capacité de recueillir entre époux, ont été applicables aux donations *mortis causa* (Gaius, Comm. II, § 111, 144, 286. — Ulp. reg., t. 17, § 1; t. 22, § 3, t. 15, t. 16, § 1. — Fragm., Vat., §§ 158, 214, 220, 302.) (Demangeat, t. 1, pp. 649 et 723. — Glasson, *loc. cit.*, t. 35, n°s 66 et 67, p. 268 et suiv.) — La loi Junia Norbana avait refusé aux Latins Juniens le *jus capiendi*, ils ne purent faire non plus de donations à cause de mort (Gaius, Comm. I, §§ 23 et 24. — Ulp. reg., t. 22, §§ 3, et 25, § 7). Sous les lois caducaires, il fallait avoir le *jus capiendi* au moment de l'ouverture des tables du testament, en matière de donation *mortis causa* on considérait la mort du donateur : « *in mortis causa donationibus*, dit la loi 22 à notre titre, pour examiner la capacité du donataire, *an capere possit*, il faut se reporter non au temps de la donation, mais au temps de la mort. » La loi 44, que nous avons déjà citée à propos d'une autre question, confirme encore cette doctrine. Parlant d'un esclave auquel il a été fait une donation *mortis causa*, elle dit : « Il paraît plus naturel de faire attention à la mort de celui à qui la donation est faite, cependant cette donation ne suivra pas l'esclave, s'il est affranchi après la mort de son maître, et avant l'ouverture du testament. » Il en eût été autrement en cas de legs, car le *dies cedit* n'avait lieu qu'à l'ouverture du testament depuis les lois caducaires, et à cette époque, l'esclave étant affranchi aurait recueilli la libéralité. « Si intra dies centum, vel cœlebs legi paruerit, vel Latinus jus quiritium consecutus sit, » le donateur à cause de mort comme le légataire aura le *jus capiendi*. (Ulp. reg., t. 17, § 1 et t. 22, § 3). Pour le cas où le donateur *mortis causa* a fait un testament, les donations à cause de mort caduques profitent aux mêmes personnes qui, en matière de legs, ont le *jus caduca vindicandi*, et à leur défaut à l'*ærarium* (Gaius, Comm. II, § 207. — Ulp. reg., t. 17, § 2). Si le donateur est mort *intestat*, les héritiers naturels profiteront de la caducité, car le système des lois Julia et Papia Poppæa ne s'applique qu'en matière de testament.

Le *jus capiendi*, et tout le système des lois caducaires, a été aboli par Justinien. Avant lui déjà, Constantin était entré dans cette voie, en supprimant les peines édictées contre les *cœlibes* et les *orbi*. (Const. 1, C. Theod., *de infirm. pœn. cœlib.* 8, 16) : « Sit omnibus æqua conditio capessendi quod quisque mereatur. Ne vero quisquam orbus habeatur, et proposita huic nomini damna non noceant, » dit la constitution 1 (C. 8, 58) de l'an 239. Honorius et Théodose avaient abrogé les incapacités des époux : « Tantum igitur posthac maritus vel uxor sibi invicem derelinquant, quantum superstis amor exegerit » (Const., 2, C. 8, 58). Justinien assimilant les legs aux fidéicommis, toute personne capable de recevoir à ce titre, pouvait recevoir *mortis causa* (Inst., § 3, *de legatis*, t. 2, l. 20 ; (Const., 2, C., 6, 43). Les descendants d'un condamné pour crime de lèse-majesté, les hérétiques, les apostats demeurent exceptés par les constitutions 5 (C. 9, 8), 3 (C. 1, 7) et 4 § 2 (C. 1, 5). « Il était donc inutile, dit M. Glasson (*loc. cit.*, t. 35, n° 72, p. 275), d'insérer au Digeste les textes relatifs au *jus capiendi* ; les anciens commentateurs ont été, par suite de cette insertion, induits dans de graves erreurs, d'autant plus qu'ils confondaient la *factio testamenti* et le *jus capiendi*. »

DEUXIÈME PARTIE

Effets des donations mortis causa.

Nous avons étudié successivement les diverses formes de la donation à cause de mort, *datio, obligatio, liberatio*; nous suivrons la même marche en ce qui touche ses effets, et comme c'est surtout en cas de caducité de la libéralité, que ses conséquences spéciales s'accomplissent, il sera opportun de terminer la seconde partie de cette étude, par l'énumération détaillée des actions qui compètent au donateur, pour recouvrer les biens donnés.

Donation faite *dando*. — Si le donateur a fait *traditio*, dans le but de transférer immédiatement la propriété au donataire, sa volonté est respectée, celui-ci peut agir en qualité de propriétaire. Au contraire, si le donateur tout en faisant tradition, a voulu reculer le transport de la propriété jusqu'à son décès, il conserve l'action en revendication, même contre le donataire : « Si quidem quis sic donavit ut, si mors contigisset, tunc haberet cui donatum est, sine dubio donator poterit rem vindicare » (L. 29, D., 39, 6, — L. 7, § 3, D., 23, 3). Dans cette hypothèse, l'effet de la tradition est de mettre le donataire en possession, par conséquent à même d'usucaper, à moins que donateur n'ait voulu lui conférer que la simple détention (Frag. Vat., § 111). « Mais dans le doute on ne peut pas supposer raisonnablement que le *tradens*, en mettant, en fait, la chose à la disposition et sous la garde de l'*accipiens*, ait voulu cependant conserver la possession juridique, et avec elle les interdits destinés à la protéger. On doit présumer que la volonté commune des parties a été de rendre l'*accipiens* possesseur, la condition portant uniquement sur le transport de la propriété qui, sans elle, se serait produit en même temps que la tradition [1]. »

Une fois la condition réalisée, le donataire devient propriétaire incommutable; mais le devient-il rétroactivement? Cette question est délicate : M. Glasson soutient l'affirmative, et certes avec une grande force. Nous trouvons cependant la doctrine contraire, qui est aussi plus nouvelle, mieux fondée en droit. Le résultat de notre opinion n'est pas toutefois sensiblement divergent de celui qui se produit dans le système opposé. Le donataire, une fois la condition accomplie, pourra méconnaître les droits constitués sur la chose par l'aliénateur, *pendente conditione*, non pas qu'ils soient effacés rétroactivement, mais leur effet sera paralysé par l'événement de la condition, par ce motif que, *nemo plus juris in alium transferre potest, quam ipse habet.* Les lois 1 pr. et 2, § 5 (D., 39, 5), disent que la propriété ne passe à l'acquéreur, qu'à l'arrivée de la condition : *tunc demum.* La loi 11 déjà citée (D., 24, 1), est, à notre avis, péremptoire : le *principium* de cette loi, parlant de la *donatio mortis causa*, contient ces mots : « Medio igitur tempore dominium remanet apud eum qui donavit. » Les paragraphes suivants confirment la règle, en citant comme une exception, la rétroactivité qui avait lieu dans les donations à cause de mort entre époux. D'ailleurs, cette différence dans l'effet de la condition jointe à la tradition, et celui de la condition jointe aux contrats, s'explique naturelle-

[1] Bufnoir, *Théorie de la condition*, pp. 391 et suiv.

ment : toute condition suppose un terme incertain, ce terme dans les obligations ne suspend que l'exigibilité, il suspend la naissance du droit dans la tradition, et recule forcément le déplacement de la propriété à l'arrivée de la condition.

Si le donataire a reçu *mortis causa* une chose dont le donateur n'était pas propriétaire, pourra-t-il usucaper ? D'abord, *pendente conditione* le donataire usucapera, si la propriété lui a été transférée dès le jour de la donation, et il retransférera la propriété et le profit de l'usucapion, si la donation devient caduque. Mais, si l'intention du donateur a été de reporter le transfert de la propriété à l'arrivée de la condition, le donataire ne pourra pas usucaper, puisqu'il n'a pas pu même acquérir la chose par tradition, en supposant qu'elle lui a été livrée *a domino*.

La condition s'étant réalisée, nous avons adopté l'opinion de M. Bufnoir [1], soutenant qu'elle n'a pas d'effet rétroactif; nous estimons, en conséquence, que le donataire ne sera pas considéré comme possédant *ad usucapionem*, depuis le jour de la tradition. Les textes ne manquent pas pour appuyer cette solution : c'est d'abord le paragraphe 111 des Fragments du Vatican déjà cité, où nous lisons ces mots : « potuisse eum..... post nuptias, ante non usucapi... non prius usucapio sequi potest quam secutis nuptiis. » On peut aussi consulter la loi 2, § 2 (D., 41, 4), les lois 8 (D., 18, 6), 4 pr. (D., 18, 2) et 1 § 2 (D., 41, 9), tous ces textes contiennent cette idée, qui ressort des espèces prévues, « pendente conditione, usucapio procedere non potest. » D'ailleurs l'*accipiens* a-t-il pu usucaper avant le moment où il a dû compter qu'il deviendrait propriétaire, c'est-à-dire avant l'avène-

(1) *Théorie de la condition*, pp. 407 et suiv.

ment de la condition? Evidemment non. Les raisons données plus haut militent encore dans cette question : « Enfin, dit M. Bufnoir (1), en admettant le contraire, on pourrait arriver à ce singulier résultat que, si la condition demeurait longtemps en suspens, l'*accipiens* se trouverait avoir parfait l'usucapion à une époque, où il n'aurait pas pu songer à devenir propriétaire du chef du *tradens*. » L'utilité pratique de cette question est grande : dans notre opinion, la mauvaise foi du donateur l'empêchant d'usucaper, rend inutile à cet égard l'intervalle entre la donation et l'avènement de la condition ; le contraire a lieu dans le système opposé. Mais les résultats sont les mêmes en ce sens que si le donateur était de bonne foi et *in causa usucapiendi*, le donataire profitera de sa possession, même dans notre système, car il pourra joindre utilement sa propre possession à celle de son auteur, pourvu qu'il soit de bonne foi au moment de l'arrivée de la condition.

Donation faite *obligando*.—Si la stipulation est pure et simple, et que le donateur survive ou qu'il se repente, il aura la *condictio* (L. 76, D., 23, 3). Si la stipulation est conditionnelle, le donataire ne pourra invoquer aucune action ; « ante conditionem non recte agi, cum nihil interim debeatur » (L. 13, § 5, D. 20, 1) ; si le donateur a payé, il aura la *condictio indebiti* (L. 17, 18, 44, 56, D. 12, 6,) ; en un mot, on applique les principes des stipulations conditionnelles. — Si le donateur a renoncé à son droit de révocation, on attendra l'accomplissement de la condition (L. 42, D., 45, 1 ; Constit. 5, C. 4, 10). — S'il n'a pas renoncé, il aura la *condictio ex pœnitentia* par laquelle il forcera le donataire à lui faire *acceptilatio*.

(1) Bufnoir, *Théorie de la condition*, pp. 429 et 430. — En sens contraire, Glasson, *loc. cit.*, t. XXXV, pp. 443 et suiv.

Enfin, si la condition se réalise, si le donateur prédécède, la stipulation sera considérée comme ayant été pure et simple : « Cum enim semel conditio exstitit, perinde habetur ac, si illo tempore quo stipulatio interposita est, sine conditione facta esset. » (Loi 11, § 1, D., 20, 4).

Donation faite *liberando*. — L'*acceptilatio* étant un acte légitime, sera toujours pure et simple : si le donateur prédécède, elle sera définitive ; s'il se repent, elle ne pourra pas être détruite, mais le donateur aura la *condictio* pour se faire constituer une nouvelle créance semblable (L. 77, D., 50, 17).

Passons aux actions qui compètent au donateur pour recouvrer les biens donnés. Ces actions sont certainement la revendication et la *condictio*, premier point sur lequel nous aurons à étudier une grave question, après quoi nous nous demanderons si une troisième action, l'action *præscriptis verbis*, ne doit pas encore être accordée dans certains cas au donateur.

D'abord, en ce qui concerne l'action en revendication, elle compète au donateur quand il a employé la tradition et qu'il l'a faite sous condition suspensive : puisqu'il est demeuré propriétaire de la chose, il peut la réclamer contre le donataire et contre tout détenteur (L. 29, D., 39, 6). Mais quand il a fait tradition sous condition résolutoire, a-t-il encore l'action en revendication, si la donation devient caduque ? C'est un principe bien connu en droit romain, qu'une action réelle ne peut jamais être intentée. quand il y a lieu à une action personnelle, car ces deux actions se contredisent : je suis créancier, ou je suis propriétaire ; au second cas, je ne puis demander qu'on me transfère la propriété d'un bien qui m'appartient déjà (Inst. § 14, l. 4, t. 6). Il faut donc poser la question autrement, et nous demander si l'accomplissement de la condition résolutoire, transfère de plein droit la propriété sur la tête du donateur? Il existe au Digeste une foule de textes dans un sens et dans l'autre, et cette contrariété a donné lieu à trois systèmes :

Le premier soutient qu'il n'y a lieu, par suite de l'accomplissement de là condition, qu'à une action personnelle au profit du donateur, parce qu'il est impossible, en droit romain, que la propriété se trouve retransférée de plein droit; le consentement ne suffit pas, il faut un *modus adquirendi.*

Dans une seconde opinion, on admit à toute époque la propriété limitée dans sa durée, et l'on accorda conséquemment l'action en revendication au donateur.

Ces deux premiers systèmes, surtout le second, sont accrédités en Allemagne.

Le troisième, que la plupart des romanistes français enseignent, est celui qui justifie le mieux l'incohérence des textes : il consiste à dire que les solutions ont varié suivant les époques du droit romain. Dans l'ancien droit, la propriété s'acquérait toujours d'une manière absolue, le droit de propriété ne pouvant pas être limité dans sa durée, c'est-à-dire que l'on ne pouvait pas convenir, en le transférant, qu'il serait résolu conditionnellement. Sans doute, l'*accipiens* pouvait retransférer son droit au *tradens*, mais son droit de propriété n'était pas éteint, il n'était que passé à un autre. C'est pourquoi le donateur à cause de mort, qui avait transféré la propriété, ne pouvait, en cas de caducité de la donation, intenter qu'une *condictio* : la *condictio causa data, causa non secuta* (L. 38, § 3, D., 22, 1 ; LL. 35, § 3, et 39, D., 39, 6). Dans ces trois lois, le jurisconsulte Paul explique pourquoi on accorde cette *condictio* ; ou bien, c'est parce que la translation de propriété a été faite en vue d'une prestation réciproque, ou bien, et c'est le cas de la donation *mortis causa*, parce qu'elle a eu lieu en vue d'un événement incertain, comme le prédécès du donateur : « Propter hanc rationem quod ea quæ dantur, aut ita dantur ut aliquid facias, aut ut ego id faciam, aut ut Titius, aut ut aliquid obtingat ; et in istis condictio sequitur. » (L. 35, § 3). Le jurisconsulte Julien, qui est de l'école classique comme le précédent, n'accordait non plus que la *condictio* (L. 13, pr., L. 19, D., 39, 6; L. 4, D., 24, 1). Il est vrai que, dans la loi 14 à notre titre, il accorde une action en revendication, mais il faut supposer que la donation avait été faite dans l'espèce sous condition suspensive, autrement la loi 4 précitée et la solution donnée par Julien n'auraient aucun sens.

Quel était l'effet de cette *condictio*? Pour le cas où la donation avait été faite par *stipulatio* ou *liberatio*, la *condictio* faisait obtenir au donateur sa libération, ou faisait revivre l'ancienne créance. Accordée d'abord seulement pour les contrats innommés *do ut des*, et *do ut facias*, elle était refusée dans les contrats innommés *facio ut des*, *facio ut facias*, par ce motif qu'elle ne pouvait, de sa nature, faire obtenir la restitution d'un *factum* ou de son équivalent. Plus tard, elle fut admise dans ces espèces de contrats, quand le *factum* était susceptible d'estimation. Mais de tout temps, la *condictio* fut admise dans le cas d'*acceptilatio*, qui était considérée moins comme un *factum* que comme une double *datio* : « Nihil interest utrum ex numeratione pecunia ad eum sine causa, an per acceptilationem pervenerit. » (L. 10, D., 12, 4; L. 31, §§ 1 et 4, D., 39, 6). Elle était aussi admise dans une obligation régulièrement contractée, car on pouvait se faire faire *acceptilatio* de l'engagement qu'on avait pris (LL. 1, § 1 et 2, D., 12, 7) ; cela semble aussi ressortir d'un texte de Cicéron (*Pro Roscio comœdo*, nos 4 et 5). Lorsque la donation avait été faite sous forme de délégation, la *condictio* procurait au donateur la restitution de la créance, ou de ce qui avait été payé au donataire (LL. 18, § 1 et 31, § 3, D., 39, 6). Au cas d'*acceptilatio,* le donataire était tenu de s'obliger de nouveau (L. 31, § 1 et 4 ; L. 24, D., 39, 6). Si la remise avait été faite à un des débiteurs solidaires, le donateur peut « eligere utri eorumcondicat » (L. 35, § 6, D., 39, 6), mais la *condictio* ne fera revivre la créance qu'à l'égard du débiteur donateur, l'autre codébiteur solidaire a été définitivement libéré par l'*acceptilatio.*

Arrivons au cas où la donation a été faite par *datio.* Si l'objet est encore en la possession du donataire, le donateur obtiendra de le forcer à lui en retransférer la propriété. Mais si la chose a été aliénée, il aura le choix de réclamer le prix reçu par le donataire ou la valeur réelle de l'objet. C'est ce que dit Julien dans la loi 37, § 1 à notre titre : « Si quis servum mortis causa sibi donatum vendiderit, et hoc vivo donatore fecerit, pretii condictionem donator habebit, si convaluisset et hoc donator elegerit. » Mais ce droit, bien certainement, était insuffisant, car l'insolvabilité du donataire le rendait inefficace, et d'un autre côté, le donateur ne pouvait pas suivre sa chose dans les mains des tiers, et quand elle lui était restituée, il la recevait avec les charges créées par le donataire ou son ayant cause. Ulpien le premier, essaya timidement de remédier à cet état de choses, et de faire passer en jurisprudence le principe contraire, à savoir que le droit de propriété pourrait être limité dans sa durée, et que l'événement de la condition résolutoire, dans la donation *mortis causa,* donnerait lieu au profit du donateur à l'action en revendication : « Si vero sic quis donavit ut jam nunc haberet, redderet si convaluisset... potest defendi in rem competere donatori, si quid horum contigisset : interim autem ei cui donatum est (L. 29, D., 39, 6). » « Qui mortis causa donavit, ipse ex pœnitentia condictionem, vel utilem actionem habet. » (L. 30, *ibid.*) L'innovation d'Ulpien répondait aux besoins de la pratique; toutefois, comme elle contrariait le formalisme rigoureux des principes romains, elle ne fut admise que lentement, et la *condictio* subsista à côté de l'action en revendication, quand l'intention des parties n'avait pas été, que la propriété fût retransférée de plein droit, à l'avénement de la condition résolutoire. En 286, l'empereur Dioclétien repoussait encore nettement la doctrine d'Ulpien : « Si stipendiariorum proprietatem dono dedisti ut, post mortem ejus qui accepit, ad te rediret, donatio irrita est, cum ad tempus proprietas transferri nequiverit. » (Fragm. Vat., § 283.) Cette constitution est complétement remaniée dans le Code de Justinien, où nous la trouvons ainsi conçue : « Si rerum tuarum proprietatem dono dedisti ita ut, post mortem ejus qui accepit ad te rediret, donatio valet; cum etiam ad tempus certum vel incertum ea fieri potest, lege scilicet quæ ei imposita est conservanda » (L. 2, C., 8, 55). Même après Ulpien, bien que son utilité fût diminuée, la *condictio* fut encore nécessaire dans certains cas : 1° Quand le donateur avait, comme nous venons de le dire, entendu aliéner purement et simplement; 2° Quand la donation était non d'un objet déterminé, mais de choses « quæ pondere, numero, mensura constant, » comme par exemple une somme d'argent; car le donataire devient propriétaire incommutable de la chose donnée, sauf en cas de caducité de la donation à retransférer des choses de même nature, quantité et valeur (L. 38, § 7, D., 22, 1; L. 22, D., 39, 5); 3° Lorsque la chose a péri par la faute du donataire : « Extinctæ res vindicari non possunt »; 4° Enfin la *condictio* est facultative pour le donateur, quand la chose donnée a été aliénée par le donataire, mais alors il n'obtiendra que sa valeur ou le prix de vente, tandis que par l'action en revendication, il pourrait suivre sa chose dans la main des tiers. Bien qu'ils ne soient probablement pas ceux du jurisconsulte, les derniers mots de la loi 37, § 1, qui est d'Ulpien (D., 39, 6), prouvent bien que c'est ainsi qu'elle doit être entendue ([1]).

Dans tous les autres cas, l'action en revendication était accordée (LL. 13 et 33, D., 39, 6) ; elle le fut toujours, comme nous l'avons vu, dans les donations à cause de mort entre époux (L. 52, § 1, D., 24, 1).

Lorsque la revendication était admise, si la chose avait produit des fruits, *pendente conditione*, ces fruits devaient être rendus par le donataire *officio judicis;* cela se comprend, surtout lorsque la tradition avait été faite sous condition suspensive. Avant Ulpien, on accordait pour les répéter, la *condictio causa data causa non secuta,* si toutefois le donateur ne les avait pas donnés irrévocablement : « Cum quis mortis causa donationem cum convaluisset donator condicit, fructus quoque donatarum rerum et partus, et quod adcrevit rei donatæ repetere potest » (L. 12, D., 12, 24. — L. 38, § 3, D., 22, 1).

Si le donataire a fait des impenses utiles ou nécessaires, il pourra les réclamer par l'exception de dol (L. 14, D., 39, 6) ; s'il a fait des dépenses voluptuaires, il aura seulement le *jus tollendi,* conformément au droit commun.

Une dernière question nous reste à examiner : le donateur avait-il l'action *præscriptis verbis ?* On sait qu'une des nombreuses divisions des actions en droit romain était celle d'actions civiles ou vulgaires et d'actions *in factum* ou honoraires. Les actions *in factum* étaient celles qui n'émanaient pas directement du *jus civile;* la *demonstratio* était conçue d'après le fondement de la demande, il

([1]) En sens contraire. — Savigny, t. IV, § 171, pp. 259 et 260, note *h*.

fallait raconter le fait, on ne pouvait se contenter de mentionner le contrat comme dans les actions *venditi* ou *depositi* par exemple. Mais l'*intentio* posait au juge une question de droit à résoudre, comme dans les actions civiles : c'est en ce sens que l'action *præscriptis verbis* est tantôt désignée comme une action civile ou *in jus*, tantôt comme une action prétorienne ou *in factum*. (L. 6, C. 2, 4.) Ces prémisses vont nous servir à comprendre deux textes qui sont invoqués dans la solution de la question. Il est bien probable que les Proculiens accordaient l'action *præscriptis verbis*, et que les Sabiniens la refusaient au donateur *mortis causa*. (L. 35, § 3, D., 39, 6). Mais laquelle de ces deux doctrines a triomphé dans les Pandectes ? Les auteurs sont partagés ; la plupart toutefois indiquent la question sans la résoudre ; M. de Savigny [1] admet l'action, M. Ortolan [2] n'en parle pas, M. Bufnoir [3] reste dans le doute, M. Accarias [4] la refuse positivement.

La discussion ne peut s'établir que sur deux textes, les lois 30 et 18, § 1, à notre titre, au Digeste. Ceux qui admettent l'action *præscriptis verbis* au profit du donateur *mortis causa*, pensent que c'est elle qui est désignée par les mots *utilis actio*, dans la loi 30, et *in factum actio*, dans la loi 18, § 1. En réfutant cette opinion, et en faisant ainsi ressortir le silence des textes sur le point qui nous occupe, silence renforcé par l'antithèse de la loi 35, § 3, déjà citée, nous prouverons ainsi que c'était l'opinion des Sabiniens qui avait triomphé, et que partant, l'action *præscriptis verbis* était refusée au donateur, lequel n'avait

(1) Savigny, t. IV, p. 259, § 171.
(2) Ortolan, t. II, n° 558.
(3) Bufnoir, *Théorie de la condition*, p. 488.
(4) Accarias, *Théorie des contrats innommés*, p. 38.

qu'une action prétorienne *in factum*, pour suppléer, quand cela était nécessaire, à l'insuffisance de la *condictio*. D'abord, nous estimons que la loi 30 désigne l'action utile en revendication, et non l'action *præscriptis verbis*, parce que le texte précédent parle de celle-ci, et qu'Ulpien veut montrer dans l'espèce de la loi 30, que l'action en revendication avait été étendue, créée par analogie pour une hypothèse ne rentrant pas dans les cas ordinaires. Quant à la loi 18, § 1, elle est du jurisconsulte Julien, qui n'était pas Proculien, mais Sabinien, et refusait, par conséquent, l'action *præscriptis verbis* : l'action *in factum* dont parle cette loi est une action prétorienne. Comment d'ailleurs admettre l'action *præscriptis verbis* ? Jamais les Romains n'ont considéré la donation *mortis causa* comme un contrat ; elle n'a pas, en effet, de forme spéciale, et ne consiste pas dans une prestation en vertu d'obligation, et devant procurer une prestation réciproque, *do ut des, do ut facias*. Si tant est qu'on veuille comparer la donation *mortis causa* à un contrat innommé, ce ne peut être qu'aux contrats *facio ut facias*, or dans la loi 7, § 2 (D., 2 14) : « Julianus scribit in factum actionem a prætore dandam », contrairement à un autre jurisconsulte, qui accordait « civilem incerti actionem, id est præscriptis verbis ». Voir aussi : L. 13, § 1 (D., 19, 5), et Glasson, *loc. cit.*, t. 35, p. 475 et suiv., n° 110.

CONCLUSIONS

L'idée dominante du sujet de cette étude est que l'assimilation de la donation à cause de mort avec les legs s'est accentuée toujours davantage, depuis l'origine du droit romain jusqu'à Justinien. On a pu s'en convaincre par les divers points qui ont été traités, mais ces caractères communs aux donations à cause de mort et aux libéralités testamentaires, sont épars et confus, et il convient, en terminant, de les dégager, de les réunir et de les coordonner. Nous signalerons ensuite les traits particuliers qui les distinguent encore sous Justinien, malgré l'assimilation que cet empereur a exprimée aux Institutes et au Code surtout, dans des termes trop absolus, ce qui a fait croire qu'il avait aboli les donations à cause de mort, les confondant entièrement avec les legs. (Inst., § 1, *de donat.*, 2, 7. — L. 4, C., 8, 57.)

1° La donation à cause de mort n'a pas besoin d'être insinuée, pourvu qu'elle ait été faite en présence de cinq témoins ou en forme de codicille. Sous ce rapport, il y a ressemblance avec les legs, mais il n'en est plus de même, si l'on admet l'opinion que nous avons soutenue plus haut, à propos des innovations de Justinien, et qui consiste à regarder la formalité des cinq témoins comme spéciale aux donations à cause de mort.

2° Nous avons vu que la *factio testamenti* et le *jus capiendi* étaient exigés des donataires *mortis causa* comme des légataires. (L. 9, 35, 37, D., 39, 6.)

3° Les dispositions qui successivement sont venues restreindre la faculté de faire des legs, furent aussi successivement appliquées aux donations à cause de mort.

La première de ces lois est la loi Furia, de 571 : « Lata est, dit Gaius (Comm., 2, § 225), lex Furia qua, exceptis personis quibusdam, ceteris plus mille assibus legatorum nomine mortisve causa, capere permissum non est » (Comm. 4., § 23), et le jurisconsulte continue : « sed et hæc lex non perfecit quod voluit : qui enim, verbi gratia, quinque millium æris patrimonium habebat, poterat quinque hominibus singulis millenos asses legando, totum patrimonium erogare. » On essaya alors de parer aux inconvénients de la loi Furia, et en 585 fut rendue la loi Voconia : « qua cautum est, ne cui plus legatorum nomine mortisve causa capere liceret quam hæredes caperent » (Gaius, Comm. II, § 226) ; « sed fere vitium simile nascebatur, lata est itaque lex Falcidia ». Cette loi Falcidie, qui est de 714, et dont le texte est au Digeste (L. 1, D., 35, 2), ne permit pas de léguer plus des trois quarts de son patrimoine, *dodrantem partem* : « itaque necesse est ut hæres quartam partem hæreditatis habeat. » (Gaius , § 227). Nous savons par un rescrit d'Alexandre (L. 5, C. 6, 50) qu'une constitution de Septime-Sévère avait déclaré cette loi applicable aux donations à cause de mort, vis-à-vis des héritiers testamentaires et des héritiers *ab intestat;* un rescrit de Gordien (L. 2, C., 8, 57), qui a été interprété par Cujas d'une manière erronée, se réfère précisément à cette constitution. Les créanciers du défunt trouvaient plus d'avantage à invoquer la Falcidie qu'à intenter l'action Paulienne, n'ayant pas à prouver l'intention frauduleuse de leur débiteur. L'héritier testamentaire avait, pour retenir sa quarte, quand elle avait été dépassée par des libéralités à cause de mort, la *vindicatio pro parte* (L. 26,

D., 35, 2), mais non l'interdit *quod legatorum* : « Quia portio legis Falcidiæ apud heredem ipso jure remanet, etsi corporaliter res in solidum translatæ sunt. (L. 1, § 5, D., 43, 3.)

Les héritiers *ab intestat* pouvaient intenter l'action en revendication, ou la *condictio*, mais non la *querela inofficiosæ donationis*, qui ne s'applique qu'en matière de donations entre-vifs, et avec les caractères et conditions de la *querela inofficiosi testamenti*. (L. 87, § 3, D., *de legatis*, 2° ; Fragm. Vat., § 270 ; C. 3, 29.) La novelle 18, ch. 1, augmenta la légitime, suivant le nombre des enfants ; ceux qui pouvaient l'invoquer, furent bien alors forcés de recourir à la *querela*, car la constitution de Sévère ne réglait que la réclamation de la quarte Falcidie, qui continua à être utile aux héritiers *ab intestat*, que ne concernait pas la novelle 18.

4° Une constitution de Justinien étend aux donations à cause de mort les principes du droit d'accroissement dans les legs. (L. 1, § 14 ; C., 6, 51.)

5° Les donations à cause de mort sont réunies aux biens que laisse le défunt pour constituer la masse héréditaire ; aussi leur appliqua-t-on les règles et les exceptions de la *bonorum possessio contra tabulas*, qui avait pour effet de faire évanouir les institutions d'héritiers et les legs. (L. 1 et 3, pr. ; L. 5, § 7 ; L. 20, pr., D., 37, 5.) Les effets de cette *bonorum possessio* avaient été étendus aux successions testamentaires d'affranchis ; concluons en qu'il en fut de même des donations à cause de mort faites par ces derniers. (L. 1, pr., et § 6, D., 37, 12. L. 1, § 1, D., 38, 5. — Gaius, Comm., III, § 41. — Instit., § 1, L. 3, t. 7.)

6° Le donataire à cause de mort, comme le légataire, ne peut prétendre aux biens donnés, qu'après le paiement des dettes du donateur : « Etsi debitor consilium fraudandorum creditorum non habuisset, avelli res mortis causa ab eo donata debet.» (L. 17, D., 39, 6.)

7° Avant Justinien, la donation à cause de mort, comme le legs, empêchait la *querela inofficiosi testamenti*, quand elle atteignait le quart de la portion *ab intestat* qu'aurait eue le *querelans*. (Instit. § 6, t. 2, l. 18; L. 8, § 6, D. 5, 2; Nov. 115. ch. 3 et 4).

8° L'usufruit peut être constitué par legs, donation à cause de mort, contrat etc.: dans les deux premiers cas, l'héritier ne peut pas faire remise de la caution (L. 7, C., 6, 54). M. de Savigny en donne le motif, (t. IV, § 276, note *r*), qui était d'empêcher d'enfreindre la loi Julia, laquelle permettait de laisser par testament l'usufruit, mais non la propriété.

9° Une autre assimilation que nous avons vue, est dans la loi 15, à notre titre, au Digeste : les fils de famille militaire, ont le droit de faire des legs sur leur pécule castrens, ils peuvent aussi faire des donations à cause de mort : « hoc et constitutum est ad exemplum legatorum, mortis causa donationes revocatæ sunt. »

10° La donation *mortis causa*, nulle comme telle, vaut comme fidéicommis; il en est de même des legs (L. 75, pr. D., 31, 1).

11° Lorsque l'on a ajouté à une institution d'héritier ou à un legs la condition d'un serment, l'héritier ou le légataire sont dispensés de le prêter, mais il existe des voies de droit pour protéger la volonté du testateur : « cum enim faciles sint nonnulli hominum ad jurandum contemptu religionis, alii perquam timidi metu divini numinis usque ad superstitionem, ne vel hi vel illi aut consequerentur aut perderent quod relictum est, prætor consultissime intervenit. Etenim potuit is qui voluit factum quod religionis conditione adstringit, sub conditione faciendi relinquere : ita enim homines aut facientes admitterentur, aut non facientes deficerentur conditione. Hoc edictum, etiam ad legata pertinet, non tantum ad heredum institutionem ». (L. 8 pr., et § 1, D., 28, 7.) Ces règles du droit prétorien ont été étendues aux donations à cause de mort : si le donateur s'est fait promettre la restitution de la chose, pour le cas où le donataire ne s'engagerait pas par serment, à accomplir un acte déterminé, on n'exigera pas le serment, mais l'accomplissement de l'acte à titre de *modus* : « et in mortis causa donationibus dicendum est edicto locum esse : si forte quis caverit, nisi parasset se aliquid facturum, restituturum quod accepit : oportebit itaque remitti cautionem. » (L. 8, § 3, *eod. tit.*)

12° Nous avons vu que les donations à cause de mort, comme les legs, étaient permises entre époux.

D'autres points de ressemblance peu importants existent encore entre les libéralités *mortis causa* et les dispositions testamentaires, il n'importe de les signaler ; nous terminerons donc cette dissertation en citant les différences qui existent encore sous Justinien, et qui séparent la donation à cause de mort du legs, en lui conservant ainsi son caractère propre et individuel.

1° — Dans l'ancien droit, il ne pouvait y avoir de legs sans testament, mais on pouvait donner *mortis causa* : « Tam is qui testamentum facit, quam qui non facit, mortis causa donare potest. » (L. 25 pr., D. 39, 6). Plus tard, on admit la validité des legs, à titre de fidéicommis et sous Justinien, il peut y avoir legs, là où il n'y a pas, de testament, mais au moins faut-il qu'il y ait un héritier. Quant à la donation à cause de mort, elle pouvait, comme la donation entre-vifs, être faite, alors même que le donateur ne laisserait aucun héritier.

2° — Un fils de famille qui n'avait pas de pécule *castrens* ou *quasi-castrens*, ne pouvait faire de legs. Au contraire, il pouvait donner *mortis causa* sur son pécule *pro-*

fectice, pourvu que son père y consentît. (L. 7, § 4, D., 39, 5 ; L. 25, § 1, et L. 11 D., 39, 6).

3° — Le légataire qui prétend mal à propos que les dispositions dernières du défunt ne doivent pas être exécutées, perd le bénéfice de la disposition faite en sa faveur. Il n'en est pas de même du donataire *mortis causa* ; « Qui mortis causa donationem accepit a testatore, non est similis in hac causa legatario. » (L. 5, § 17, D., 34, 9).

4° — Le donateur peut dès à présent transférer la propriété au donataire, et aussi abdiquer plus ou moins complétement le droit de demander la révocation. Au contraire, jamais la propriété ne peut être acquise en vertu d'un legs, avant la mort du testateur, qui ne peut non plus renoncer au droit de révoquer ses dispositions.

5° — Le legs est une manière d'acquérir *sui generis* ; il peut transférer par lui-même la propriété. Il n'en est pas de même de la donation à cause de mort, et même il ne paraît pas que Justinien en ait fait un pacte légitime, comme des donations entre-vifs. Pour soutenir que le seul échange des consentements transférait la propriété, dans les donations à cause de mort comme dans les legs, on invoque, nous l'avons vu plus haut, deux lois : l'une d'Ulpien, l'autre de Paul (L. 1, § 2 et L. 2, D., 6, 2) ; nous renvoyons à la réfutation qui a été faite de cette doctrine, car les mêmes arguments servent à établir cette cinquième différence que nous signalons.

—Un dernier mot sur la destinée historique des donations à cause de mort complétera cette étude. Conservées dans les pays de droit écrit et dans quelques coutumes, parce qu'on y trouvait intérêt au point de vue de la capacité du fils de famille qui, sans pouvoir tester, avait pourtant la faculté de donner à cause de mort, elles furent rejetées par la généralité des coutumes, où cet intérêt n'existait pas, tantôt par une disposition formelle, tantôt par le silence des textes. Les coutumes qui admettaient la donation à cause de mort, ne l'autorisaient que jusqu'à concurrence d'une certaine partie des biens, tandis qu'elles permettaient les donations entre-vifs, sans limitation de taux; la raison en est facile à saisir : dans le premier cas, le donateur ne se dépouille pas, il ne frustre que ses héritiers; dans le second, au contraire, son intérêt le retiendra toujours, et d'une manière plus efficace que les restrictions légales. Les mêmes coutumes décidaient que les donations à cause de mort devaient être faites, sauf le cas où elles avaient lieu par contrat de mariage, dans la forme des testaments ou des codicilles. L'ordonnance de 1731, article 3, consacra cette jurisprudence, tout en maintenant cette manière de disposer.

Le Code ne l'a pas maintenue dans l'article 893. Sa pensée est celle-ci : c'est que la distinction des dispositions de dernière volonté en testament, codicille, donation à cause de mort ne subsiste plus. Cette distinction, inventée pour concilier à la fois les intérêts du donateur, à qui il en coûte toujours de se dépouiller irrévocablement, avec l'avantage des donataires, qui est d'être investis actuellement, n'est plus admise dans nos lois : la donation à cause de mort n'est donc qu'un legs et n'a de valeur qu'à ce titre. On reprochait d'ailleurs à cette manière de disposer, de favoriser les suggestions, et de donner lieu, par suite de son caractère mixte, à une foule de difficultés et de procès. L'expérience a prouvé que sa disparition n'était pas regrettable, car les avantages qu'elle présentait se retrouvent, dégagés de ses inconvénients, dans les donations entre-vifs et les testaments.

DROIT CIVIL FRANÇAIS

DE LA RÈGLE :

DONNER ET RETENIR NE VAUT

OU DE

L'IRRÉVOCABILITÉ DES DONATIONS ENTRE-VIFS

PRÉLIMINAIRES

Trois différences caractéristiques séparent la donation du testament :

1° La donation est un contrat, le testament est un acte.

Il est vrai que l'art. 894 définissant la donation l'appelle un acte, mais c'est une erreur qui s'explique historiquement, car la donation a pour but, comme le contrat, de produire une obligation, ou de transférer la propriété, et elle suppose le concours de deux volontés, l'offre et l'acceptation. Aussi le projet de Code la définissait-il un contrat : le premier consul croyait que ce mot ne devait s'appliquer qu'aux conventions qui imposent aux parties des charges réciproques ; les rédacteurs cédèrent à son observation, et remplacèrent le mot contrat par le mot acte, à tort certainement, car, dans l'article

1105, ils appelèrent contrat, la convention de bienfaisance, et classèrent aussi la donation parmi les contrats, dans les articles 1339 et 1340.

2° La donation produit son effet *hic et nunc*, un droit actuel pour le donataire ; le testament ne transfère aucun droit au légataire du vivant du testateur.

3° La donation est essentiellement irrévocable ; le testament est essentiellement révocable.

C'est ce caractère d'irrévocabilité qui sera l'objet de notre dissertation ; il est une qualité intrinsèque de la donation, qu'il ne faut pas confondre avec les vices de formes, lesquels peuvent, dans certains cas, faire annuler la donation. Nous supposons celle-ci parfaite et valablement formée, conformément aux article 931 et suivants. Ces formalités sont l'acceptation expresse de la donation par le donataire, ou les personnes chargées de le représenter (art. 932-936), — la rédaction authentique de l'acte constatant la donation (art. 931), — l'état estimatif des meubles, s'il s'agit d'une donation mobilière (art. 948), et pour le cas particulier d'une donation de créances, la signification du transport faite au débiteur cédé, ou l'acceptation de celui-ci dans un acte authentique ; — la transcription de l'acte enfin, si la donation consiste en immeubles susceptibles d'hypothèque (art. 939-942). Ces formes n'ont pas toutes la même importance ; ainsi, tandis que le défaut de l'une quelconque des trois premières vicie la donation, à tel point que le donateur peut lui-même en invoquer la nullité, le défaut des deux dernières ne peut être invoqué par lui, et ne saurait le dispenser d'exécuter la donation, qui remplirait d'ailleurs toutes les autres conditions de validité. Il n'en est pas moins vrai cependant que le donateur, tant que la transcription ou la signification n'aura pas été faite, sera parfaitement libre de porter atteinte à sa libéralité, puisqu'il pourra concéder valablement à des tiers même de mauvaise foi, des droits en opposition avec ceux dont il avait déjà investi le donataire. Ce dernier aura bien un recours à exercer contre lui, mais ce recours ne fera pas, en supposant même que l'insolvabilité du donataire ne le rende pas inutile, que la donation n'ait manqué son effet en tout ou en partie.

Cette étude des formes de la donation est bien distincte de celle de l'irrévocabilité, car tant qu'elle n'est pas parfaite, la donation ne réunit pas les caractères de contrat actuel et incommutable, avec les conséquences et les applications que le Code en a tirées. Sans rechercher directement la manière de répandre les bienfaits et de les recevoir, la loi prend le don comme un fait accompli, et réglemente la transmission de la propriété à titre gratuit, soit quant à sa forme, soit quant à son exécution, soit quant à sa mesure ou à son étendue. Avant d'avoir donné, l'homme n'est tenu à rien, la bienfaisance est un acte purement volontaire, qui ne saurait être soumis à la contrainte ou au commandement. Mais dès qu'il a consenti spontanément à donner, un droit s'ouvre alors pour le donataire, une action naît à son profit, droit, action qui tombent dans le domaine de la loi, et qui reçoivent d'elle leur garantie et leur sanction, dans l'actualité, et surtout l'irrévocabilité, laquelle était formulée autrefois dans la maxime coutumière : *Donner et retenir ne vaut.*

Ce caractère incommutable inhérent à la donation entre-vifs, a été critiqué par plusieurs jurisconsultes, notamment par MM. Batbie et Demolombe [1] : « Je n'aperçois, dit le premier, aucune raison ni théorique ni pratique, pour exiger qu'un donateur se dépouille actuellement et

[1] Batbie. *Rev. crit. de législat. et de jurisp.*, t. XXVIII, p. 137. — Demolombe, t. I, *Des donat.*, n° 26.

irrévocablement, et pour interdire au donateur ordinaire ce qui est permis au donateur par contrat de mariage, ou aux époux pendant le mariage... La loi romaine admettait les donations à cause de mort que le donateur pouvait révoquer, et qui étaient caduques par le prédécès du donataire... Comment se fait-il que notre loi soit moins libérale que celle de Rome, et que parmi les nombreux emprunts que nous avons faits aux lois romaines, une disposition si favorable à la liberté des conventions, n'ait pas trouvé sa place ? Cette anomalie s'explique par l'influence de l'ancien droit. »

Sans doute il ne faut plus chercher la raison du principe de l'irrévocabilité, comme on le faisait, dans l'ancien droit, et comme nous l'indiquerons plus bas, mais on l'explique d'une manière suffisamment plausible, en disant d'une part, que le législateur a voulu d'abord pourvoir à la stabilité des propriétés, et, d'autre part, empêcher que les libéralités ne deviennent trop faciles au détriment des héritiers légitimes. L'irrévocabilité est un frein apporté au caprice du donateur, en lui enlevant la liberté de détruire ou d'altérer l'effet de la donation. Obligé en effet à se dépouiller d'une manière incommutable, celui qui donne réfléchit plus sérieusement, et pour ne pas s'appauvrir lui-même, il se résoudra moins fréquemment à appauvrir ses héritiers, se souvenant de cette maxime de Loisel [1] :

« Qui le sien donne avant mourir,
« Bientôt s'apprête à moult souffrir. »

D'un côté, ce serait faire violence à la liberté, au dévouement et aux plus nobles aspirations de l'homme, de l'empêcher de satisfaire son penchant à la bienfaisance,

[1] Loisel, l. 4, t. 5, 14, *Instit. coutum.*

de reconnaître les services qu'on lui a rendus, ou de secourir l'infortune. Mais, d'autre part, le double lien d'affection et d'intérêt qui unit les membres d'une même famille, la solidarité d'honneur, et la communauté d'origine, ne permettent pas que les biens donnés par caprice ou sans raisonnement, passent à des mains étrangères, au détriment des héritiers. Double point de vue que la loi a dû envisager, en respectant d'abord la liberté naturelle de disposer, en l'organisant et en étayant ensuite, dans l'intérêt du donataire et des héritiers du donateur, la volonté de donner librement, légalement manifestée, sur un principe fondamental, sur l'irrévocabilité, règle bien connue dans l'ancien droit, comme nous allons le voir, et intéressante à étudier dans son origine et dans ses causes.

ORIGINE HISTORIQUE DE LA RÈGLE :

DONNER ET RETENIR NE VAUT

Dans le dernier état du droit coutumier, la règle « donner et retenir ne vaut » avait une double signification.

« C'est donner et retenir, disait l'art. 274 de la coutume de Paris, quand le donateur s'est réservé la puissance de disposer librement de la chose par lui donnée, ou qu'il demeure en possession jusqu'à son décès ».

Beaucoup de coutumes comprenaient, comme celle de Paris, les deux prohibitions dans la maxime : donner et retenir ne vaut [1].

[1] Coutumes d'Auvergne (ch. 14, art. 18-23), — d'Orléans (art. 283), — d'Auxerre (art. 217), — de Sens (art. 108 et 115), — de Melun (art. 230 et 231), etc., etc.

1° Toute réserve de disposer à l'avenir de la chose donnée est prohibée.

2° Il est nécessaire que la donation ait été mise à exécution du vivant du donateur.

Cette seconde conséquence de la règle n'a pas été conservée dans le Code.

Ces deux conditions exigées par l'art. 274 de la coutume de Paris de 1580 n'existaient pas primitivement. Des coutumes comme celles de Paris (art. 160 et 161), de Sens (art. 95 et 101), d'Auxerre (art. 108), d'Orléans (art. 122) ne parlaient, dans leur première rédaction, que de la prohibition d'intenter une action contre les héritiers du donateur, quand il n'y aurait pas de dessaisissement avant le décès de ce dernier. C'est ainsi que certaines exigent que la chose soit livrée, d'autres admettent la réserve d'usufruit [1]. Toutefois il ne faudrait pas croire, en présence du silence des coutumes, que la prohibition de la condition potestative de la part du donateur n'existait pas. « Si le donateur réserve la faculté de pouvoir vendre en cas de nécessité, et si *tradita fuerit possessio*, la donation ne vaut » [2]. La coutume de Berry était interprétée de même par ses commentateurs.

A l'inverse, les coutumes qui ne parlaient que des clauses potestatives et non du dessaisissement actuel étaient interprétées en ce sens que, sans dessaisissement, on ne pourrait agir contre les héritiers du donateur. L'art. 213 de la coutume du Bourbonnais ayant disposé que, les héritiers du donataire auraient action contre les héritiers du donateur, le commentateur Auroux des Pommiers dit qu'il faut au moins une tradition feinte ou par équi-

[1] Cout. de Mantes (art. 150), — d'Etampes (art. 146).

[2] Claude le Caron, cout. de Péronne, sur l'art. 109, n° 8. — Desjardins, *Recherche sur l'origine de la règle : Donner et retenir ne vaut*, p. 5.

pollence [1]. Les deux faces de la règle donner et retenir ne vaut sont en effet très-différentes : on connaît de suite si la prohibition de clauses potestatives de la part du donateur a été violée, mais quant à la nécessité pour le donateur de faire un dévestissement soit réel, soit par équipollence, on ne peut savoir si la règle a été enfreinte, car le donateur peut faire la tradition jusqu'à sa mort. C'est ainsi que la coutume de Paris (art. 274) posant le second point de la règle, dit : « ou que le donateur reste en possession jusqu'à son décès ». La nécessité d'un dévestissement actuel, dit d'Argentré, est fondée : 1° sur la présomption qu'il y a repentir de la part du donateur ; 2° qu'il peut y avoir un acte simulé sous la donation [2].

Avant cette tradition réelle ou feinte, la donation n'était-elle pas obligatoire pour le donateur, et le donataire n'avait-il pas une action ? Il est certain qu'il n'y eut jamais d'action contre les héritiers, quand il n'y avait pas dévestissement, mais il est certain aussi que, si l'on suppose qu'il y a repentir et révocation de la donation restée inexécutée par le donateur, c'est que ce dernier n'est pas lié tant qu'il ne s'est pas dessaisi. Il y a donc contradiction entre les deux idées comprises dans la maxime : donner et retenir ne vaut. La première application assure l'irrévocabilité de la donation, et la seconde, qui exige la tradition, laisse la faculté au donateur de rendre la donation nulle ou valable, sérieuse ou simulée.

La simple promesse de donation fut considérée à une certaine époque comme non obligatoire : la donation ne prenait naissance qu'au moment du dévestissement. « Don ne vaut sans la saisine de la chose », disent les Assises de Jérusalem. C'est après, que la maxime : donner et retenir

(1) Sur l'art. 213, n° 1.
(2) Sur l'art. 228 de la cout. de Bretagne.

ne vaut apparaît dans les coutumes de Champagne, qui furent rédigées en 1224 par l'ordre de Thibaut. L'art. 44 dit que « par droit commun et par coutume de Champagne, donners et retenirs ne vaut riens ». Ragueau, commentateur de la coutume de Berry, qui vivait au commencement du XVIIe siècle, disait que le donataire n'avait pas d'action personnelle contre le donateur, encore que celui-ci « soit en son entier, et ait le pouvoir de ce faire ». Il ajoutait que la coutume de Châlons (art. 64), et celle de Reims (art. 230) y faisaient exception (1). Buridan (2) accordait l'action au donataire, s'il avait gardé la chose en sa puissance. Enfin Delalande (3), à la fin du XVIIe siècle, disait en généralisant sa doctrine, et en l'étendant à toute la France, que l'on suivait l'ancienne jurisprudence civile romaine, qui exige le dessaisissement de la chose donnée par l'acte de donation, autrement « le donataire ne peut agir personnellement contre le donateur ».

Pothier reconnaît que la promesse de donner n'avait pas toujours été obligatoire, et que de son temps la question était encore controversée.

Il est cependant certain que dès la fin du XIIIe siècle, Beaumanoir écrit : « on ne peut faire la révocation des dons, si ce n'est de ceux faits dans un testament ; en dehors de ceux-là que l'on donne ou promet, il les convient remplir » (4). Mais Beaumanoir est en avant de son siècle, et il n'invoque pas la maxime ; exprime-t-il au moins le droit de son temps ? Nous ne le croyons pas, car après lui

(1) Ragueau, *Cout. gén. des pays et duché de Berry*, sur le titre 7.

(2) Sur l'art. 230, n° 2 de la cout. de Reims.

(3) Sur l'art. 283 de la coutume d'Orléans, n° 2. — Pothier, *Des donat. entre-vifs*, sect. 2, art. 2, § 1, n° 77.

(4) Cout. de Beauvoisis, ch. 12, n° 39.

on regarde la promesse de donation comme une simple éventualité.

Au XVIe siècle, le commentateur de la coutume de Blois [1] dit que dans le dernier état du droit romain le pacte de donation est devenu obligatoire, mais il ajoute qu'en droit français cette règle n'est pas suivie. Dumoulin partageait-il cet avis ? Il est difficile de le dire : « Ne vault pas la translation du domaine, mais seulement quand on a persévéré dans l'intention de donner » écrit-il dans une note sur la coutume de Paris de 1510 (art. 160). Nous avons cité Ragueau sur la coutume de Berry, et de Delalande sur celle d'Orléans, qui disaient que le droit suivi pour la promesse de donner est celui antérieur à Justinien, et de Laurière [2] sur la coutume de Paris, explique la filiation des idées, et le changement opéré dans le droit coutumier. Il dit que longtemps on considéra comme non obligatoire la promesse de donner. Enfin, Merlin [3] cite un acte du Parlement de Douai, ne donnant pas force obligatoire à une promesse de donation.

L'opinion de Beaumanoir ne devait pas triompher de longtemps. D'Argentré [4], au XVIe siècle, défend un des premiers la force obligatoire de la volonté de donner, et combat la règle contraire, qui était en vigueur de son temps. Il veut qu'on donne au donataire la *condictio* du droit de Justinien. Les coutumes de Châlons (art. 64), et de Reims (art. 230), accordaient action. Au XVIIe siècle, la force obligatoire de la convention de donner est encore contestée, mais elle triomphe définitivement au XVIIIe :

(1) Coutumes de Blois, DENYS DU PONT, tit. 12, art. 169.

(2) Introduction au titre 13. — Texte des coutumes de la prévôté et vicomté de Paris.

(3) Répert., v. donat., art. 2 et 3.

(4) Cout. de Bretagne, sur l'art. 228.

Ricard [1], Pothier [2], etc., disent que la promesse est obligatoire. Toutefois c'est une singulière législation que celle qui valide ainsi une promesse de donner et qui dispense les héritiers de l'exécuter.

— Quelle était la tradition nécessaire pour que la donation fût obligatoire pour les héritiers ?

Pothier divise les traditions en trois classes qui doivent être ramenées à deux [3]. La première et la seconde classe s'appelaient coutumes de saisine et de nantissement, exigeant celles de la première classe, l'ensaisinement et la tradition réelle ou feinte (cout. de Chaumont, art. 76, de Laon, art. 53 et 54, de Reims, art. 231, de Vitry, art. 111), celles de la seconde, la tradition réelle et effective pour tenir lieu d'ensaisinement. Parmi ces dernières étaient les coutumes de Senlis (art. 212), de Clermont (art. 127) et de Valois (art. 130).

Ces deux classesde coutumes, que nous ramenons à une seule, formaient l'exception dans le droit coutumier. La coutume de Paris (art. 275) dit que, ce n'est point donner et retenir, que constituer un usufruit, un précaire ou un constitut possessoire. Beaucoup de coutumes, et c'était le plus grand nombre, se contentaient, comme celle de Paris, de la tradition feinte. (Coutumes d'Orléans art. 284; d'Etampes, art. 146; de Normandie, art. 446, etc.)

On appelait tradition feinte, toutes les manières de faire passer à quelqu'un la possession d'une chose, sans qu'il intervienne de tradition réelle : par exemple, lorsque donnant un héritage à quelqu'un, je le retiens à titre de loyer ou de ferme. Il en était de même de la clause de rétention d'usufruit, soit dans un contrat de vente, soit

(1) Ricard, *Des donat.*, part. 1, ch. 4, sect. 2, nos 897 et 945.
(2) Pothier, *Introd. au tit. 15 de la cout. d'Orléans*, no 25.
(3) Pothier, *Donat. entre vifs*, sect. 2, art. 2, § 1.

dans un contrat de donation. Quant à la tradition réelle, elle a lieu, lorsque je fais passer une chose mobilière de ma main dans celle d'un autre, dans le but de lui en abandonner la possession, ou, dans le sens le plus large, c'est la remise de la possession qu'une personne fait à une autre. Elle transfère la propriété, quand le *tradens* est propriétaire, capable d'aliéner, et que la tradition est faite *ex justa causa*, ce qui suppose chez l'*accipiens* volonté d'acquérir, et chez le *tradens* volonté d'aliéner.

Des diversités apparentes existaient entre les coutumes en ce qui touche les traditions feintes. Certaines [1] ne parlaient que de la réserve d'usufruit, et l'on se demandait si elles repoussaient le constitut ou le précaire. On s'accordait, sur l'autorité de Ricard, pour décider que l'une de ces traditions feintes étant citée, les autres étaient permises. Mais il y avait d'autres moyens de faire une tradition feinte; c'était par exemple de retenir la chose donnée à titre de location ou de ferme. Ricard [2] fait rentrer ce cas dans les traditions feintes. Pour le cas où le donateur remet les clefs, on décide de même, et on arrive ainsi à élaborer cette règle, que l'on fera rentrer dans la classe des traditions feintes les clandestinités qui se rencontrent dans les jurisconsultes romains. Toutefois, la remise du titre de la donation ne suffit pas pour dévestir le donateur. Les clauses de dessaisine-saisine par lesquelles le notaire était censé avoir reçu la possession, et l'avoir transférée au donataire, ne sont pas admises comme traditions feintes, bien qu'elles y équivalent en d'autres matières [3]. Une seule coutume, celle d'Orléans (article 278), fait valoir ces clauses de dessaisine-saisine.

[1] Cout. de Reims (art. 229), — de Châlons (art. 64).

[2] RICARD, *Des donat.*, part. 1, ch. 4, sect. 2, n°s 940 et 942.

[3] RAGUEAU, *Sur l'art. 3 de la cout. de Berry.*

La tradition feinte, comme toutes les fictions qui suivent un principe pour en adoucir la rigueur, et le plier aux exigences de la pratique, n'apparut qu'après la tradition réelle. Ainsi s'explique la diversité des coutumes à cet égard, et les restrictions qu'elles y apportaient. Les commentateurs calquèrent peu à peu les traditions feintes sur celles du droit romain, et l'esprit du droit coutumier se modela à cet égard sur les traditions romaines (1).

La tradition feinte fut appliquée aux meubles comme aux immeubles après quelques hésitations, Ricard (2) soutenant que pour les uns comme pour les autres, il fallait suivant la coutume, soit la tradition réelle, soit la tradition feinte. Mais il ajoutait que, dans ce dernier cas, il faut que l'acte de donation contienne un état descriptif des meubles composant la donation, ou qu'il en fût fait un inventaire séparé, et l'ordonnance de 1731 (art. 15) consacra plus tard son opinion.

Quand l'objet de la donation consistait en une créance, la signification faite au débiteur par le donataire de la cession qui lui avait été faite, tenait lieu de tradition. « Un simple transport ne saisit, et il faut signifier le transport », disait l'art. 108 de la coutume de Paris. Ajoutons que l'acte par lequel le débiteur s'obligeait de payer au donataire rendait la signification du transport inutile (3).

Origine de la double règle comprise dans la maxime : donner et retenir ne vaut. — Si l'on consulte les notes de de Laurière sur Loysel, on le voit insister uniquement sur la nécessité de la tradition (4); mais déjà ses contempo-

(1) Cout. de Dourdan (art. 93), — d'Etampes (art. 146).

(2) RICARD, part. 1, ch. 4, sect. 2, distinct. 1, nos 958-963.,

(3) POTHIER, *Introd. au tit. 15 de la cout d'Orléans*, sect. 2, § 2, n° 23.

(4) Instit. cout., liv. IV, tit. 4, 5.

rains ne parlent plus que du dessaisissement irrévocable, c'est-à-dire exclusif de toute condition potestative de la part du donateur ([1]). La nécessité de la tradition apparaît encore, mais on en a perdu la signification par suite des coutumes de clandestinités. Ce fut aussi le sens de la législation, et l'ordonnance de 1731 ne parle que de l'impossibilité de revenir sur la donation directement ou indirectement. (Art. 15 et suiv.)

La donation faite à la charge de payer les dettes du donateur est-elle valable ? Au XVIe siècle, on répond affirmativement ([2]), mais dès le XVIIe, les jurisconsultes ([3]) nient toute efficacité à cette donation : c'est l'art. 16 de l'ordonnance de 1731 et l'art. 945 du Code.

Que penser de la donation faite à la charge d'accomplir le testament du donateur? Au XVIe siècle, on décide que cette clause est permise; cependant Dumoulin ([4]) enseigne qu'elle est prohibée, mais sa doctrine n'était pas unanimement acceptée. Ricard ([5]) et la coutume d'Auvergne ([6]) apportaient un tempérament. Le premier soutenait que la faculté de disposer, réservée au donateur, ne pourrait s'exercer que *boni viri arbitrio,* et la coutume d'Auvergne, qui validait la clause imposée au donataire de payer les funérailles du donateur ou ses legs, n'était pas considérée comme apportant une restriction à la règle : *donner et retenir ne vaut.* Mais, sauf cette unique

([1]) DOMAT, *Les lois civiles*, liv. I, tit. 10. — *Ibid.*, sect. 1, n° 40. — RICARD, part. 1, ch. 4, sect. 2, n°s 898 et 970, *des Donat.*

([2]) CHARONDAS LE CARON, *Mémorables observations du droit français*, v. Donation.

([3]) RICARD, n° 1027, part. 1, ch. 4, sect. 2. — FERRIÈRE, *Cout. de Paris, sur l'art. 274*, n° 17.

([4]) DUMOULIN, *Sur l'art. 160 de la cout. de Paris.*

([5]) RICARD, n°s 1032 et 1033, *ibid.*

([6]) Cout. d'Auvergne, ch. 14, art. 21.

exception dans cette seule coutume, on dit, à partir du XVIIe siècle, que la donation faite avec charge d'accomplir le testament du donateur est contraire à la règle de l'irrévocabilité.

Enfin, le donateur pouvait-il se réserver de vendre la chose donnée en cas de nécessité ?

On disait d'abord (1) que cette nécessité pouvait être considérée comme une condition non potestative, mais il fut bientôt reconnu qu'une pareille clause était contraire à la maxime et aux coutumes (2).

A mesure que les traditions feintes rendent inutile le dessaisissement par tradition, à l'inverse, l'irrévocabilité est exigée avec plus de rigueur : il est permis de penser qu'à l'origine la prohibition de réserver la disposition des choses données n'était pas comprise dans la règle, et que la nécessité seule de la tradition s'y trouvait ; disons quelques mots à l'appui de cette opinion.

Nous avons vu que pour les coutumes d'Orléans, de Paris et de Sens, la première rédaction contenait la nécessité seule de la tradition. Est-ce à dire que la seconde conséquence de la règle ne daterait que de 1580 ? Non, car dès le XVIe siècle, des coutumes avaient rattaché l'impossibilité de réserver une condition potestative à la maxime : donner et retenir ne vaut. Est-ce que véritablement, sous l'empire de la coutume de Paris de 1510, on appliquait l'irrévocabilité comme conséquence de la maxime ? Dumoulin (3) semble le dire, mais ce génie impatient ne saurait être suivi en cela comme règle certaine, car il emprunte aux coutumes différentes des règles qu'il

(1) Charondas le Caron, *Cout. de Paris, sur les art. 273, 275.* — Buridan, *Cout. de Reims, sur l'art. 229*, n° 2.

(2) Pothier, *Donat. entre vifs*, sect. 2, art. 2, § 3, nos 80 et 81.

(3) « Donationis ad nutum eversionem jura sustulerunt. » (Dumoulin, *Sur l'art. 160 de la Cout. de Paris*)

généralise, et dont il forme un droit commun. Toutefois, nous le pensons comme lui sans pouvoir, l'affirmer. Mais cette impossibilité d'introduire une condition potestative en faveur du donateur, remonte-t-elle très-haut ? Non. Il est vrai que Beaumanoir [1] et Bouteiller [2] à une époque antérieure, disent que la donation entre-vifs est irrévocable, mais il ne faut pas s'y tromper, car ils supposent une donation pure et simple faite et exécutée, la tradition accomplie purement et simplement ; ils ne songent pas aux clauses par lesquelles le donateur se réserverait la faculté de disposer de la chose donnée. Les anciens coutumiers exposent les conditions dont les donations sont susceptibles, et se taisent sur les conditions potestatives de la part du donateur. Un seul texte prévoit l'hypothèse d'une condition potestative, c'est un texte du droit féodal étranger, une analyse du livre des Assises des Bourgeois, et on y dit que l'héritage peut être donné par le donateur à son rappel [3]. A l'époque féodale, avant le XVIe siècle, la donation pure et simple est irrévocable, mais ce n'est pas de l'essence de la donation ; on peut faire la clause de rappel. La tradition effective est donc à l'origine de l'essence de la donation ; quant à l'irrévocabilité essentielle, elle est bien plus récente. Ces deux règles se sont rencontrées, comme nous l'avons dit, dans l'art. 274 de la coutume de Paris, comme conséquences de la maxime

(1) BEAUMANOIR, cout. de Beauvoisis, *Des testaments*, ch. 12, n° 39 : « Ce ne pot ou fere des dons que on done ou promet hors du testament, car il les convient à emplir. »

(2) BOUTEILLER, *Somme rurale*, titre 45, des donations : « Tels dons qui se font entre vifs ne se peuvent rappeler selon les coutumes. »

(3) *Abrégé du livre des assises de la cour des Bourgeois*, 1re partie, ch. 35 (M. BEUGNOT. t. II, p. 267, note *u*) : « Je done mon héritage à teil à mon rapiau, par enci que toutes les fois que il me plaira, je le puisse rapeler le don que je li fais doudit héritage. »

donner et retenir ne vaut, dont il nous reste à étudier le principe et les explications que les auteurs en ont données.

La première et certainement la plus curieuse, mais à coup sûr la moins fondée, est celle de Guy-Coquille, qui s'exprime ainsi :

« Toutes les coutumes de France disent pour règle que donner et retenir ne vaut. Ce qui procède, comme il est vraisemblable, du naturel des vrais Français, qui est de faire franchement et à cœur ouvert, sans retenir à couvert » [1].

On ne saurait évidemment se contenter d'une semblable raison, car la maxime n'est pas interprétative de la volonté du donateur, elle est au contraire fort impérative, et ne tolèrerait pas la manifestation, même expresse, d'une volonté contraire. (Demolombe, t. I des donat., n° 25.)

Une seconde explication a été donnée par de Laurière dans ses notes sur Loysel : suivant lui, la règle : *donner et retenir ne vaut* « a été introduite originairement en faveur des donateurs, afin que, connaissant la perte qu'ils vont faire, ils soient moins faciles à se dépouiller » [2].

Enfin, la plus célèbre est celle de Ferrière, qu'Argou reproduit explicitement : « Les coutumes ont permis de disposer de tous les propres par donations entre-vifs, parce qu'il arrive rarement qu'un homme se dépouille lui-même pendant sa vie, et néanmoins, s'il le veut faire, la coutume le lui permet, ne voulant pas l'obliger à avoir plus d'égards pour ses héritiers qu'il n'en a pour lui-même; mais la coutume ne permet de disposer par testament, que d'une

(1) *Institution au droit français, des Donations.*

(2) Inst. cout., liv. IV, tit. 4, règle 5.

partie de ses propres, et cela, afin de conserver les biens dans les familles » ([1]).

La raison donnée par Ferrière est donc que les coutumes, permettant de disposer par donations entre-vifs de la totalité des propres, et seulement d'une partie, généralement du *quint*, par testament, il aurait été facile de frauder la règle et les héritiers du donateur ; il suffirait pour cela de donner quelque temps avant de mourir, aussi est-ce pour ce motif que l'on prohibait toute donation qui n'emportait pas dessaisissement actuel du donateur.

Cette explication suffit à la seconde conséquence de la maxime, l'irrévocabilité, mais non à la première, à la tradition nécessaire et essentielle, qui a été à l'origine le sens direct de la règle donner et retenir ne vaut. Mais on comprend que Ferrière ne se soit pas étendu davantage, puisqu'on pouvait contraindre le donateur à l'exécution de sa promesse et qu'on avait la ressource des traditions feintes. Si l'explication de Ferrière était vraie, la règle donner et retenir ne vaut aurait été sans valeur dans beaucoup de coutumes, notamment dans celles d'Anjou, de Touraine et du Maine, qui avaient limité la quotité disponible pour les donations comme pour les testaments, et dont les plus anciens commentateurs admettent cependant la maxime ([2]). La coutume de Berry, à peu près entièrement romaine, n'avait, à l'inverse, imposé presque aucune limitation à la faculté de disposer par testament, et pratiquait toutefois la règle ([3]). Enfin, plusieurs coutumes

([1]) *Instit. au dr. fr.*, t. I, p. 253. — FERRIÈRE, *Comment. sur la cout. de Paris*, sur l'art. 273, n° 8.

([2]) Cout. de Touraine, art. 240, et PALLU, sur cet article. — Cout. d'Anjou, art. 341. — CHOPIN, liv. II, ch. 2, tit. 4, *in fine*, édition de 1863. — POCQUET DE LIVONIÈRE, cout. des pays et duché d'Anjou, sur l'art. 341. — Cout. du Maine, art. 353.

([3]) POTHIER, *Donat. testam.*, ch. 4, art. 2, n° 179.

avaient restreint beaucoup la quotité disponible en matière de testaments, en étendant celle des donations, et il se trouve que ces coutumes, analogues à cet égard à celle de Paris, avaient rejeté la maxime donner et retenir ne vaut (coutume de Lille) ([1]). Comment donc concilier ces divergences avec le motif donné par Ferrière ? Comment encore, avec son explication, justifier l'introduction de la maxime dans l'ordonnance de 1731 s'appliquant à toute la France, lorsque dans plusieurs pays il n'y avait pas à protéger la réserve coutumière ? Il ne faut donc pas s'en tenir à l'explication de Ferrière, qui ne révèle qu'une application pratique de la règle, dont l'utilité se manifestait mieux sous la coutume de Paris, avec la différence de quotités disponibles pour les donations et les testaments.

Ricard ([2]) énumère trois raisons à l'appui de la maxime : 1° la tradition actuelle sera, suivant lui, la vérification de la donation, une preuve de la sincérité des contractants ; 2° c'est une garantie donnée au commerce, pour éviter que les créanciers du donateur, ne voyant aucun changement dans sa position, ne se persuadent que les choses données appartiennent encore à leur débiteur ; 3° enfin, ajoute le jurisconsulte, il faut songer que l'esprit du droit est de protéger l'esprit de famille, et qu'on ne doit pas permettre à un donateur de priver ses héritiers, à moins qu'il ne se prive lui-même. D'autres raisons, telles que celle de la protection due au donateur, furent encore mises en avant : nous avons cité Eusèbe de Laurière. Jacques Godefroy dit encore que la nécessité de la tradition est particulièrement conforme aux fins de la donation, pour que plusieurs ne se privent

([1]) Patou, *sur les cout. de la ville de Lille*, tit. 2, art. 1, gl. 1, et tit. 5, art. 1, gl. 2, n° 11. — Cout. d'Amiens, art. 46 et art. 5.

([2]) Ricard, n° 901, part. 1, ch. 4, sect. 2, donat.

pas inconsidérément de leurs biens. — La nécessité d'un dessaisissement actuel empêche de donner inconsidérément.

Le motif que le dessaisissement empêche la donation d'être frauduleuse n'est pas sérieux ; quant au second que donne Ricard, vrai d'abord, il disparaît avec l'usage des traditions feintes, qui ne changeaient rien à l'apparence. Reste l'idée de protection des héritiers du donateur et du donateur lui-même : ce sont ces deux motifs qui ont été reproduits par Pothier [1].

M. Demolombe [2] donne la raison de Ferrière et celle d'Eusèbe de Laurière, que l'on retrouve dans Pothier : la double idée de protection pour le donateur et ses héritiers, est-elle bien le véritable fondement de notre maxime ? Il est permis d'en douter, car elle a subi bien des changements avant d'arriver à Pothier, et il serait étrange que ce soit lui qui l'ait trouvée le premier. D'autre part, il peut paraître singulier que l'on ait voulu protéger ainsi les héritiers par la nécessité d'une tradition, quand on eût pu le faire plus efficacement, en permettant la révocabilité, qui eût été bien plus protectrice des droits de la famille.

Ce qu'il faut penser, selon nous, suivant en cela le sentiment d'un éminent professeur, M. de la Ménardière [3], c'est que les anciens jurisconsultes ne cherchaient pas exactement les bases de la règle. La théorie de la donation et du dessaisissement actuel n'a eu lieu qu'après coup. Ils voyaient le dessaisissement, ils l'ont considéré comme essentiel à la donation. Quant à l'idée, ils la croïent fondée sur le droit romain, en ce qui touche

(1) *Des donat. ent. vifs*, sect. 2, art. 2, nos 64 et 65.
(2) *Traité des donat.*, t. I, n° 25.
(3) Actuellement professeur à la Faculté de droit de Poitiers.

la nécessité de la tradition par exemple. Pour eux, le droit coutumier est conforme au droit des Pandectes, et c'était une loi célèbre qui avait été censée tracer la voie en matière de donation : c'était la loi *Cincia* qui aurait exigé la tradition [1]. L'exception de cette loi aurait été, que certaines personnes eussent pu faire des donations, indépendamment de la nécessité de la tradition réelle ou feinte. Mais cette théorie des anciens jurisconsultes était fausse, car les exceptions de la loi *Cincia* avaient pour but de ne pas faire réduire à la quotité fixée les donations entre certaines personnes. Leur erreur vient de ce qu'ils confondent ce qui touche à la translation de propriété, avec les conditions essentielles à la validité de la donation. La donation, de simple pacte qu'elle était en droit romain, devint un pacte légitime, un pacte obligatoire [2] ; ce en quoi le droit coutumier diffère de ce droit, à savoir que le pacte de donation est valable par lui-même, est aussi différent du droit des Pandectes que de celui de Justinien.

Quelques jurisconsultes rattachaient la règle à la constitution qui forme la loi 1, livre 8, titre 12, au code Théodosien, et par laquelle la tradition réelle est exigée. Mais ce n'est pas à cette constitution qu'on pourrait rattacher le droit coutumier, car si le droit romain a eu de l'influence, c'est dans les pays de droit écrit, où jamais la maxime donner et retenir ne vaut n'a été admise. D'ailleurs, la *corporalis traditio* dont parle la constitution est-elle exigée pour l'existence, ou seulement pour la preuve de la donation ? On peut croire que c'était seulement quant à la preuve que la donation devait être suivie de tradition. La loi 4, au même livre, implique une excep-

(1) Godfroy, ad. leg., 4, C. Théod., *De donat.*
(2) L. 35, § 5, C., de donat. (VIII, 54).

tion aux règles ordinaires, quand la donation est faite entre des parents et des enfants. Godefroy y voit à tort, suivant M. Desjardins [1], une exception, en ce sens que ce genre de donation est dispensé de la tradition. Cette loi 4 avait pour but de donner force obligatoire au simple pacte, quand il avait lieu entre des parents et des enfants, et la constitution de Constantin rappelle cet état de choses pour le consacrer. C'est bien ce qui prouve l'erreur des jurisconsultes.

Quant à l'irrévocabilité des donations, elle paraît tellement certaine, que ceux-ci ne veulent jamais la démontrer ; c'est pour eux un caractère essentiel à la donation entre-vifs. Cela est d'autant plus remarquable que dans les pays de droit écrit, la maxime, donner et retenir ne vaut n'était pas connue. Quand d'Aguesseau en codifie les conséquences dans l'ordonnance de 1731, il rencontre quelques résistances parmi les parlements du Midi, mais jamais sur le point qui nous occupe : l'irrévocabilité est admise partout.

C'est aux premiers temps du moyen âge que les causes de la maxime apparaissent, ainsi que la théorie de l'ancienne jurisprudence. Il est, en effet, facile d'observer que, dans le principe, les donateurs se considèrent difficilement comme dépouillés de leurs choses ; ils croient toujours y avoir droit ; de plus, dans ces temps barbares, les donateurs sont puissants et riches, les donataires sont faibles et pauvres. Et quand le donateur aurait assez de calme pour se résigner à son dépouillement, ses héritiers ne pensent pas toujours ainsi, et ce qui frappe dans les premiers temps de la féodalité, c'est l'instabilité et la multiplicité des donations. Les masses étant pauvres, les donations sont le mode constant des affaires. Alors il

[1] DESJARDINS, *loc. cit.*, pp. 45 et 46.

devint nécessaire, dès l'origine, de sauvegarder l'irrévocabilité des donations, d'autant plus énergiquement, qu'elle recevait de plus nombreuses atteintes, les donateurs, et surtout leurs héritiers, ne se considérant pas toujours comme liés par la donation.

Dans les formules de Marculf, au VIIe siècle, on voit que la donation prend un caractère incommutable : le pouvoir royal ne s'arroge pas le droit de révocation, mais il s'agit surtout de la résistance qu'opposent les successeurs aux donations de leurs auteurs : aussi voit-on des formules de confirmation à côté des formules de donation, elles impliquent, pour les héritiers, l'irrévocabilité ; les ventes, les échanges sont, comme la donation, confirmés aussi par formules (1).

On chercha encore à assurer l'irrévocabilité en portant des peines pécuniaires contre celui qui y porterait atteinte, et un temps vint où le fisc toucha seul l'amende. Toutes les lois barbares ont des textes pour mentionner cette irrévocabilité des donations. Les Capitulaires de Charlemagne et de Louis-le-Débonnaire contiennent des passages à cet égard, mais malgré cela, la violation des donations est de chaque jour : Hincmar, archevêque de Reims, s'en plaint (2). — Pendant les temps féodaux, l'irrévocabilité ne fut guère mieux respectée : on fait confirmer la donation par le seigneur du donateur, alors même que les biens donnés ne lui appartiennent pas, pour avoir une sauvegarde plus grande. On recherche ensuite l'adhésion de la femme et des enfants, et quelques coutumes ont consacré cet usage. Après la mort du donateur, les en-

(1) *Recueil génér. des form. usit. dans l'emp. des Francs*, par M. de ROZIÈRE, formules 154, 152, pages 197 et 195.

(2) M. de ROZIÈRE, formules 101, 158, 140 et 141, 23, 156, 199, pages 194, 206, 177 et 179, 31, 202 et 238. — M. DESJARDINS, *loc. cit.* p. 50 et suiv.

fants confirmaient la donation, et le moine Orderique Vital semble indiquer que ces confirmations sont toujours obligatoires, bien qu'on fasse des présents à celui qui confirme [1].

Cependant, on approche du moment où l'irrévocabilité va être consacrée : elle l'est, à la fin du XIIᵉ siècle, dans les Assises de Jérusalem, et au XIIIᵉ siècle, dans Beaumanoir.

Ces efforts qui précèdent le XIIIᵉ siècle tendent à rendre incommutable l'engagement du donateur. En effet, il semble naturel que l'engagement pris ne soit pas révocable, au gré de celui qui s'est engagé. Cette vérité si simple, on ne songeait pas à l'affirmer pour la vente et l'échange, car elle allait de soi; mais pour la donation, cela souffrit tant de difficultés, que tous les documents de droit visent à établir cette irrévocabilité. Une tradition s'établit, et l'irrévocabilité, qui est de la nature de la vente, fut considérée comme de l'essence de la donation, et resta formulée dans l'ancienne coutume de Champagne de Thibaut : donner et retenir ne vaut. Un esprit nouveau s'empara des jurisconsultes des XIVᵉ, XVᵉ, XVIᵉ et XVIIᵉ siècles, pour lui faire produire des conséquences.

Il y a là une conquête de l'esprit qui tend à faire respecter les engagements, conquête qui fut perdue de vue, et détournée de ses applications premières par les jurisconsultes du moyen âge.

[1] M. DESJARDINS, *loc. cit.*, p. 57 et suiv.

PREMIÈRE PARTIE

Conséquences de la règle : donner et retenir ne vaut.

Nous avons vu dans l'historique de la maxime, qui fait l'objet de cette étude que, dès le XVIe siècle, des coutumes avaient rattaché l'impossibilité de réserver une condition potestative à la règle donner et retenir ne vaut ; qu'à l'origine, la nécessité seule de la tradition existait, et que ce n'est guère qu'à la fin du XVIIe siècle, que l'irrévocabilité fut admise généralement, comme étant de l'essence de la donation. Plus tard, la tradition, qui était à l'origine le sens de la règle, disparut et il ne resta que le principe de l'irrévocabilité ; aussi, pouvons-nous dire que l'article 944 n'est que le développement de l'ancienne règle coutumière, et que les articles 943, 945 et 946 n'en sont que les conséquences. C'est pourquoi nous plaçons l'article 944 en tête des développements qui vont suivre sur le caractère irrévocable de la donation.

« Toute donation entre-vifs faite sous des conditions dont l'exécution dépend de la seule volonté du donateur sera nulle » (art. 944).

Bien qu'elle parle seulement des conditions potestatives, il est d'abord certain que la loi permet de joindre à la donation toutes autres espèces de conditions. Qu'on ne dise pas que l'article 894 exige un dépouillement actuel et irrévocable, et que toute condition altère ce caractère essentiel ; car l'article 944 est une disposition restrictive et, de plus, les articles 953 et suivants, qui régissent la révocation de la donation pour cause d'inexécution des charges, supposent nécessairement qu'on peut imposer des conditions au donataire. Il suffit, pour sauvegarder l'irrévocabilité, que le donateur ait investi ce dernier d'un droit complet, qui ne puisse être changé par son fait, et il n'importe que sa réalisation soit certaine ou douteuse.

Il existe trois espèces de conditions : la condition casuelle, la condition mixte et la condition potestative.

La condition casuelle est celle qui dépend du hasard, et qui n'est nullement au pouvoir du créancier ni du débiteur (art. 1169).

La condition mixte dépend tout à la fois de la volonté d'une des parties contractantes et de la volonté d'un tiers (art. 1171).

Enfin, la condition potestative est celle qui fait dépendre l'exécution de la convention d'un événement, qu'il est au pouvoir de l'une ou de l'autre des parties contractantes de faire arriver ou d'empêcher (art. 1170).

Cette dernière espèce de conditions se subdivise en deux : conditions simplement potestatives, qui dépendent tout à la fois de la volonté du débiteur et du hasard ou de la volonté d'un tiers, comme par exemple la vente à réméré, et conditions purement potestatives, qui ne dépendent que de la volonté de l'obligé.

La condition simplement potestative est permise dans les contrats à titre onéreux, la condition purement potestative ou *si voluero* est seule prohibée (art. 1174).

En est-il de même en matière de donations ? A ne consulter que l'article 944, nous dirions avec Duranton [1], Vazeille [2], Coin-Delisle [3], qu'il n'est que l'application de l'article 1174 et que, pour les donations comme pour les contrats, la condition purement potestative est seule

[1] Duranton, t. VIII, n° 474.
[2] Vazeille, art. 944, n° 1.
[3] Coin-Delisle, *Comment. sur les donat.*, sur l'art. 944, n° 1.

prohibée ; ajoutant avec ces auteurs, que dans les articles 943 et 946 surtout, il n'est précisément question que de donations faites sous des conditions qui dépendent uniquement de la volonté du donateur, et que l'article 947 décide néanmoins que de pareilles donations pourront être faites exceptionnellement par contrat de mariage et entre époux. Si l'on objecte que, dans les hypothèses prévues par les articles 943 et 946, il ne dépend pas uniquement de la volonté du donateur de ne pas acquérir, de dépenser, de disposer d'un effet compris dans la donation, on répond dans cette doctrine, qu'il n'existe pas de condition purement potestative, puisque la manifestation de la volonté nécessite de la part du donateur un acte quelconque, signe, parole ou écrit, qu'il pourra, dans tel ou tel cas, se trouver empêché d'accomplir.

Tel n'est pas cependant notre sentiment, et nous croyons que l'article 944 envisage les conditions simplement et purement potestatives. En effet, la règle consacrée par l'article 944 n'est que l'application de la maxime donner et retenir ne vaut ; or, il a toujours été admis, dans l'ancien droit, que c'était donner et retenir, que de donner sous une condition qui dépendait soit de la seule volonté du donateur, soit de sa volonté et du hasard. L'article 944 n'est que la reproduction de l'article 16 de l'ordonnance de 1731, et Pothier [1] nous indique bien le sens dans lequel cet article était compris, quand il dit : « On ne peut donner sous une condition qui dépende de la volonté du donateur, même ses biens présents, ni quelque chose particulière, car le donateur est le maître en faisant manquer la condition, d'en anéantir l'effet ». Au surplus, si l'article 944 ne prohibait que la condition

[1] *Des donat. entre-vifs,* sect. 2, art. 11, § 3, n° 80. — Introd. au tit. 15 de la cout. d'Orléans, n° 18.

purement potestative, cette règle serait absolue, et ne souffrirait aucune exception, car si l'article 1174 déclare nulle toute obligation formée sous une condition purement potestative, c'est que le lien de droit n'est que nominal et dérisoire, et ne peut former aucune espèce d'obligation. Aussi bien, si l'article 944 n'en était que l'application, il ne saurait souffrir d'exception, alors l'article 947 ne se comprendrait pas; or, cet article dispose que l'article 944 n'est pas applicable aux donations faites en faveur de mariage : ce dernier comprend donc dans sa prohibition les conditions simplement potestatives.

Mais il ne comprend pas les conditions mixtes, autrement il aurait dû dire que la donation ne pourrait être faite, que sous une condition ne dépendant nullement de la volonté du donateur, et en employant au contraire le mot *seule*, le législateur montre bien qu'il n'entend pas parler des conditions qui dépendent en quelque façon de la volonté d'un tiers.

On s'est demandé si l'on doit déclarer nulle la donation contenant la condition que les biens donnés feront retour au donateur, s'il guérit de la maladie dont il est atteint, ou s'il échappe à un péril dont il est menacé. Grenier soutient qu'une telle condition change le caractère de la donation, qu'elle la transforme en donation à cause de mort, et il invoque à l'appui de sa thèse la loi 1 au Digeste *de donationibus*, et les lois 1 et 35, § 2 de *mortis causa donationibus*, qui définissent, la première, la donation entre-vifs, et les autres, la donation à cause de mort [1]. Toullier soutient la même opinion [2]. — Nous ne saurions admettre cette doctrine, qui raisonne com-

(1) GRENIER, t. I, part. 1, sect. 1, § 10.
(2) TOULLIER, t. V, n° 274.

plétement en dehors de la question. Il ne s'agit pas, en effet, de savoir si cette donation rentre ou ne rentre pas dans la classe des donations à cause de mort, puisque le Code les a abolies, ne laissant subsister que les donations entre-vifs et les dispositions testamentaires. Ce qu'il faut seulement examiner, c'est le point de savoir si la donation, subordonnée à la guérison du donateur, constitue une donation entre-vifs ou un testament. Or, c'est bien, suivant nous, une donation, et cette donation n'est pas potestative pour le donateur, elle est casuelle et jouit par conséquent du caractère d'irrévocabilité. Il y a dessaisissement dès le moment de l'acte, dessaisissement conditionnel sans doute, mais que le donateur ne peut ni changer ni détruire.

Sauf l'exception écrite dans l'article 944, la donation peut être faite sous telle condition suspensive ou résolutoire que les parties jugent convenable. Quant à celles qui seraient impossibles, contraires aux lois ou aux mœurs, l'article 900 les répute non écrites dans toute donation entre-vifs.

La donation faite sous la condition résolutoire du mariage du donateur sera tantôt nulle, tantôt valable : nulle, si le donateur, comme cela arrive le plus souvent, ne prévoit que l'événement de son mariage, sans indiquer la personne à laquelle il projette de s'unir, car alors la condition est potestative, surtout si aucun terme n'est fixé ; valable, au contraire, s'il s'agit d'un mariage avec une personne déterminée.

Serait nulle la donation faite par l'un des futurs aux enfants de l'autre futur, nés d'un précédent mariage, à la seule condition du mariage projeté [1].

Mais la condition suspensive de survie du donataire

[1] Orléans, du 17 janv. 1846. (Dalloz, périod., 46, 2, 203.)

n'invaliderait pas la donation, car cette condition est casuelle pour le donateur, qui ne peut plus disposer des biens donnés qu'éventuellement, les droits du donataire restant toujours irrévocables et soumis à l'existence de la condition. De même, la condition résolutoire de survie est également valable; elle est connue sous le nom de retour conventionnel, et il en est question dans les articles 951 et 952. Bien que ce point ne se rattache que d'une manière indirecte et latérale au sujet de notre dissertation, nous aurons toutefois occasion d'en parler, à propos des causes de révocation des donations.

On pourrait encore citer d'autres espèces où les auteurs ont controversé la question de savoir, si la condition était casuelle ou potestative, et partant, si elle viciait ou non la donation. Nous avons cité les principales : le critérium à suivre est toujours le même, on doit se décider d'après le caractère potestatif ou casuel de la condition ; si le caractère incommutable de la donation est altéré, l'article 944 est applicable ; s'il est sauvegardé, la donation subsiste. Ce sera une question d'appréciation.

— Le Code, on le voit, n'a pas formulé la maxime donner et retenir ne vaut, mais il la tient pour une de ces règles essentielles et fondamentales dont il se contente de consacrer les applications les plus saillantes, et les effets les plus importants.

« La donation entre-vifs, dit l'art. 943, ne pourra comprendre que les biens présents du donateur, si elle comprend des biens à venir, elle sera nulle à cet égard. »

C'est donner et retenir, que de comprendre dans la donation des biens futurs. Dans l'ancien droit romain, lorsque la tradition était nécessaire, le donateur ne pouvait donner ses biens à venir ; sous Justinien, la donation étant devenue un pacte obligatoire sans tradition, on put stipuler sur les choses présentes et futures, ce fut aussi le principe qui domina dans les provinces de droit écrit, où la législation romaine était restée en vigueur [1]. Toutefois la donation universelle de biens à venir n'était permise qu'autant que le donateur conserverait une réserve, qui variait suivant les provinces, mais qu'on estimait généralement au vingtième, par ce motif qu'indique Justinien : « recusantibus scriptis hæredibus, pro nullo aut minimo lucro, hereditates adire [2]. » C'était un souvenir des vieilles idées romaines, qui frappaient d'une sorte d'ignominie, la mémoire de celui qui était mort sans testament. Dans les pays de coutumes, la donation de biens à venir n'était pas valable. Quelques unes cependant l'admettaient, avec la restriction qu'on y avait apportée dans les provinces de droit écrit, d'autres enfin la tenaient pour valable, mais sous telle ou telle condition, comme la coutume de Sedan, qui ne l'admettait, que quant aux biens dont le donataire avait eu la possession du vivant du donateur [3].

Les traditions, on le sait, étaient divisées en traditions de fait et traditions de droit ; Ricard [4] le premier avait imaginé cette distinction qui depuis a fait fortune, et que la plupart des auteurs indiquent aujourd'hui comme ayant été employée dans l'ancien droit ; il l'avait imaginée, pour confondre sous une même dénomination les deux termes de la maxime : donner et retenir ne vaut, qui étaient : nécessité de la tradition, et irrévocabilité de la donation. La tradition de fait était ce que les Romains appelaient *datio possessionis*, et la tradition de droit que

(1) MERLIN, *Répert.*, v. donat., sect. 5, § 1, art. 1.

(2) *Instit.*, *de leg. Falcidia*, liv. II, t. XXII, *pr.*

(3) RICARD, part. 1, ch. 4, sect. 2, nos 982 et 983.

(4) RICARD, part. 1, ch. 4, sect. 2, nos 900 et 901, 915 à 920.

Bourjon confondait avec la tradition feinte [1] était, suivant Ricard, le dépouillement irrévocable du donateur.

Or la tradition de fait et la tradition de droit sont l'une et l'autre impossibles dans la donation de biens à venir, la première, parce que, dit Cujas [2] : « rerum quæ nondum sunt nulla fieri potest traditio», la seconde, parce que le donateur ne peut donner une chose qu'il n'a pas encore, et qu'il aurait toujours la faculté d'aliéner ou de conserver, d'acquérir ou de ne pas acquérir les biens qui étaient à venir au temps de la donation. Auroux des Pommiers [3], commentateur de la coutume du Bourbonnais, développe cette raison : la donation de biens à venir est prohibée, parce que, dit-il, le donateur « est libre de rendre la donation entièrement inutile, ce qui est absolument opposé aux principes des donations entre-vifs, qui doivent être irrévocables, et composées de choses certaines dont on puisse faire tradition. »

Il importe toutefois de remarquer que trois opinions étaient en présence sur le point de savoir si l'on devait valider pour le tout la donation de biens présents et à venir. Cujas [4] dont la doctrine a été reproduite par le Code (art. 943), tenait pour la division ; Ricard [5] proposait une opinion intermédiaire, basée sur les termes de l'acte, et l'intention présumée du donateur ; enfin le troisième système annulait entièrement la donation [6].

En rédigeant l'ordonnance de 1731, d'Aguesseau con-

(1) *Droit commun de la France,* Liv. V, tit. 2, — tit. 4, part. 4, ch. 3, sect. 1, n° 1.

(2) Cujas, ad. leg. 35, Cod., *De donat.*

(3) *Sur la cout de Bourbonnais,* art. 210, n° 1.

(4) Cujas, *sur la loi 33*,Cod., de donat.

(5) Ricard, part. 1, n° 1024, ch. 4, sect. 2.

(6) Pothier, *Des donat. entre vifs*, sect. 2, art. 2, § 3, et introd. au tit. 15 de la cout. d'Orléans, n° 19.

sacra la troisième opinion qui était celle de Pothier, et déclara nulle pour le tout, même pour les biens présents, la donation de biens présents et à venir, n'exceptant que les donations par contrat de mariage en faveur des conjoints. L'acte ayant été un dans l'intention des parties, et d'un autre côté étant contraire à la loi, il avait paru au rédacteur de l'ordonnance, qu'il valait mieux l'annuler pour le tout, que le maintenir divisé, cela étant plus conforme aux principes de l'interprétation de la volonté du disposant, et aux règles du droit sur les nullités des actes.

Le Code, dans l'art. 943 n'a pas maintenu la jurisprudence de d'Aguesseau, il a divisé la donation de biens présents et à venir, la laissant subsister pour les biens présents, et la déclarant nulle pour ceux à venir : il a préféré voir dans cette donation cumulative deux donations, l'une certaine et valable, l'autre incertaine et dépourvue d'effet. Sans doute on ne saurait plus aujourd'hui invoquer à l'appui de l'art. 943, le motif que donnait Cujas, se fondant sur l'impossibilité de faire tradition de choses à venir, puisque des deux termes compris anciennement dans la règle : donner et retenir ne vaut, le premier, la tradition, a disparu (art. 938), et qu'il ne reste que le second, l'irrévocabilité de la donation. L'autre point au contraire, que l'on déduisait de la nécessité de la tradition de droit, subsiste dans toute sa force, et le pouvoir que le donateur conserve sur l'éventualité des biens à venir, ont paru des raisons décisives aux rédacteurs du Code. Au surplus, qu'arriverait-il si la donation de biens à venir eût été valable, c'est que n'étant pas caduque par le prédécès du donataire, comme toute donation entre-vifs, elle devrait produire, après comme avant, tous ses effets, et les héritiers du donataire acquerraient de son chef, des biens que leur auteur n'avait pu acquérir. Cette contradiction manifeste avait été aperçue dans l'ancien droit, et là où la donation de biens à venir était validée, on la déclarait caduque par le prédécès du donataire, les assimilant en cela aux donations à cause de mort. Enfin, les jurisconsultes ajoutaient que les donations de biens à venir sont encore moins dignes d'encouragement que les autres, parce qu'il est rare qu'elles ne soient pas suivies de repentir, et qu'elles sont même, disait Ricard (1), « accompagnées d'une espèce de dérèglement d'esprit. »

Que devons-nous entendre par biens présents? — Les biens présents sont ceux qui appartiennent au donateur dans le temps de la donation, ou ceux qui sont acquis actuellement, quoique non encore possédés, ceux qui ne sont pas advenus, mais qui adviendront, en vertu d'un titre existant au moment de la donation. Par conséquent sont biens à venir, ceux sur lesquels le donataire n'a au moment de la donation aucun droit actuel et irrévocable contre le donateur, ceux que le donateur ne possède pas, et sur lesquels il n'a ni droit ni action pure ou conditionnelle pour les prétendre ou les espérer (2). Ainsi ne sont pas des donations de biens à venir dans le sens de l'art. 943 : 1° le don d'un usufruit, quoique ce soit en réalité un don de produits successifs et à venir ; 2° la donation d'une récolte que produira tel fonds l'année prochaine ; 3° le don des bénéfices que je retirerai d'une société déjà formée, car ce qui est donné ce ne sont pas les bénéfices eux-mêmes, mais bien le droit à ces bénéfices, s'ils se réalisent; ce droit est présent, actuel, irrévocable. Il n'en serait pas de même, si la société

(1) Ricard, part. 1, nos 975-1012. — Voir Pothier, *Introd. au tit. 15 de la cout. d'Orléans*, nos 19 et 20, et *des Donat.*, art. 2, sect. 2, § 3.

(2) Furgole, *sur l'art. 15 de l'ordonnance.*

n'existait pas encore au moment de la donation, ou si un seul des associés avait la faculté de la dissoudre.

La donation des biens ou d'une quotité des biens que le donateur laissera à son décès ne peut être valable, car il est évident que ce serait donner et retenir, le donateur pouvant dans ce cas augmenter, diminuer ou annuler même l'objet de la donation ; mais en serait-il de même d'une donation consistant en une somme payable après le décès du donateur ?

Cette question, l'une des plus controversées de la matière, a donné naissance à plusieurs opinions, et la jurisprudence a subi des fluctuations; elle semble cependant à peu près fixée aujourd'hui.

Dans un premier système qui a été celui de la Cour de cassation de 1822 à 1838, et de plusieurs jurisconsultes tels que Gabriel Demante, Championnière et Rigaud, on soutient que cette donation est nulle quant aux biens présents et futurs, comme contraire au principe de l'irrévocabilité, mais qu'on peut la rendre efficace par le don de la nue propriété de la somme avec réserve d'usufruit au profit du donateur, la donation étant alors juridiquement actuelle et irrévocable.

L'opinion opposée a été défendue par M. Demolombe. Suivant lui, la donation d'une somme payable au décès du donateur est valable, puisqu'elle s'analyse en une créance au profit du donataire, et qu'on peut donner une créance comme toutes sortes de biens corporels ou incorporels. Et l'art. 943 ne s'y oppose pas, car l'objet de la donation n'est pas les biens soit présents, soit à venir, mais la créance, qui peut être transmise d'une manière

(¹) Championnière et Rigaud, *Droit d'enreg.*, t. II, nos 1546-1547. — Gabriel Demante, *Rev. crit. de Jurisp.*, 1852, p. 556 et suiv.; 1859, p. 300 et suiv.

actuelle et irrévocable, non pas sans doute en ce sens que le donateur ne puisse rendre vaine la donation, en dissipant ses biens ou en négligeant d'en acquérir, mais parce qu'il ne dépend plus de lui, à partir de la donation, de porter atteinte à la plénitude et à l'existence de la créance, ce qui suffit pour sauvegarder le principe de l'irrévocabilité, car l'efficacité d'un droit personnel est distincte de sa validité intrinsèque et originelle. Enfin, ajoute M. Demolombe, la doctrine de l'ancien droit était conforme, et il cite à l'appui un passage de Pothier (Introd. au titre 15 de la Cout. d'Orléans, n° 24), auquel il adjoint l'autorité de Furgole et de Ricard (1).

D'autres jurisconsultes ont usé de distinctions; par exemple, Grenier (2) a enseigné que cette donation ne serait valable comme étant de biens présents, dans le sens de l'art. 943, qu'autant que des immeubles seraient affectés spécialement par l'acte à la sûreté hypothécaire de la somme donnée. Vazeille (3) dit que la donation d'une somme payable au décès du donateur n'est valable que si l'on affecte des biens présents au paiement de cette somme.

M. Coin-Delisle (4) a émis sur la question une opinion particulière : suivant lui, la donation sera nulle, si elle a été faite à un moment où le donateur ne possédait pas la somme donnée ou des biens équivalents, et encore, si les biens qu'il laisse en mourant ne sont plus ceux qu'il possédait lors de la donation. Sans entrer dans la discussion approfondie de cette doctrine, une réponse bien simple et, selon nous, péremptoire peut y être tout d'abord opposée :

(1) Demol., *Donat.*, 1863, n° 392, p. 370, t. 3.
(2) Grenier, *Donat. et testam.*, t. I, part. 1, ch. 1, sect. 1, n° 7.
(3) Vazeille, art. 943, n° 2-3.
(4) Coin-Delisle, *Comment. sur les Donat*, art. 943, n°s 8 et 12.

c'est que, comme l'a dit justement la Cour de cassation par un arrêt du 8 juillet 1822 [1] : le défaut de sûreté et de garantie du droit de créance est complétement insignifiant pour l'existence du droit.

Quant à nous, nous estimons avec la plupart des auteurs et la jurisprudence, du moins dans son dernier état, qu'il faut rechercher avant tout quelle a été l'intention du donateur, s'il a entendu se constituer immédiatement débiteur, et conférer une créance pure et simple dont l'exécution seule serait retardée, ou bien s'il n'a voulu donner, quant à présent, qu'une espérance, ne devant se réaliser en une créance qu'à sa mort seulement, et pour le cas où il laisserait des biens suffisants pour l'acquitter. Les termes de l'acte, la cause de la donation serviront à éclairer le juge ; de même si le donateur a consenti hypothèque pour sûreté de la donation, s'il s'est réservé l'usufruit, s'il s'est obligé à servir les intérêts de la somme donnée, ce seront autant de présomptions de l'intention qu'il a eue de faire une véritable donation entre-vifs, actuelle et irrévocable. S'il apparaît que le donateur a entendu se constituer débiteur dès l'époque de la donation, et ne suspendre que le terme de l'exécution, nous pensons que la donation d'une somme payable à son décès est parfaitement valable, alors même qu'il ne serait pas dit sur quels biens la somme serait payée, car le donateur est obligé dès le moment de la donation ; il devient débiteur et le donataire créancier. Or, comme le dit fort justement M. Demolombe [2], on peut donner entre-vifs toutes sortes de biens corporels ou incorporels, par conséquent une rente, une créance. Donc, aux termes de l'art. 2092, le donataire a le droit d'exiger son paiement

(1) Dalloz, *Enreg.*, n° 3795.

(2) Demol., *des Donat.*, t. III, n° 392, p. 368.

sur tous les biens présents et à venir du donateur. On peut dire avec Dumoulin [1] : « In dispositione sunt duo : dispositio et executio. Dispositio vero statim ligat, nec suspenditur, licet executio habeat tractum ad mortem ». Mais, objectera-t-on, le donateur reste maître de rendre la donation efficace ou inutile : nous avons répondu par avance, à propos de l'opinion exprimée par M. Coin-Delisle : peu importe que la donation soit ou non, en fait, exécutée, car elle s'analyse en une créance, et du moment qu'elle est un droit irrévocable acquis au donataire, il est indifférent de savoir si elle pourra être remplie ou non par le paiement fait sur les biens du donateur décédé. Le donataire, en effet, ne peut-il pas poursuivre l'héritier pur et simple du donateur en paiement de la somme donnée ? Il le peut évidemment. D'ailleurs, rien ne l'empêche de demander au donateur une hypothèque ou une constitution d'usufruit; mais dire, comme l'ont fait certains auteurs, notamment Grenier, que cela est nécessaire pour la validité de la donation, c'est, suivant nous, une erreur, car il est inadmissible que l'hypothèque, qui est un contrat accessoire d'une autre convention, puisse valider cette convention principale ; elle ne peut certainement avoir trait qu'à son exécution. Quant à la clause du quasi-usufruit, elle rend la donation valable, mais pourquoi ? C'est parce qu'elle change la nature de la donation, qui devient donation de biens présents, donation de nue propriété en effet, mais donation actuelle et irrévocable.

S'il existe deux donataires de sommes payables au décès du donateur, ils viendront au marc le franc comme des créanciers chirographaires, sans qu'il y ait à tenir compte de l'antériorité des créances. Cette solution découle de

[1] *Sur la cout. du Bourbonnais*, art. 300 et 390.

l'opinion que nous avons présentée et qui assimile le donataire au cas particulier à un créancier ; s'il y a deux donataires, il y aura deux créanciers, et suivant l'article 2093, le prix se distribue entre eux par contribution, à moins qu'il n'existe des causes légitimes de préférence, auquel cas le donataire ayant hypothèque primera l'autre. L'art. 1167 serait toutefois applicable, et le premier donataire pourrait l'invoquer, en prouvant que la seconde donation a été faite en fraude de ses droits.

Telle est la théorie que nous croyons conforme aux principes ; mais comme nous le disions plus haut, la vraie question consiste à interpréter la volonté du donateur. S'il apparaît qu'il n'a pas voulu s'engager dès le moment de la donation et ne donner au donataire qu'une espérance, il faut nécessairement invalider une pareille donation, car elle est absolument contraire à la règle donner et retenir ne vaut, dont nous allons étudier un autre corollaire que le Code en a tiré dans l'art. 945.

— « La donation sera pareillement nulle, si elle a été faite sous la condition d'acquitter d'autres dettes ou charges, que celles qui existaient à l'époque de la donation, ou qui seraient exprimées soit dans l'acte de donation, soit dans l'état qui devait y être annexé. » (Art. 945.)

Il ne s'agit plus ici, comme dans l'art. 944, de conditions proprement dites, mais de charges, d'obligations imposées au donataire. Si le donateur peut imposer telles charges qu'il lui plaira, il ne faut pas cependant qu'il puisse porter atteinte à l'irrévocabilité de la donation en la diminuant, ou même en l'anéantissant, ce qui arriverait s'il pouvait contracter à sa fantaisie des dettes qui seraient à la charge du donataire et qui absorberaient la donation.

L'article 945 n'est que la reproduction de l'art. 16 de l'ordonnance de 1731, qui avait consacré la doctrine de

Ricard [1], mais il est conçu laconiquement, et il importe de bien distinguer les deux hypothèses qu'il renferme. Auparavant, il faut rappeler la manière dont les donataires sont tenus des dettes, à défaut de stipulation expresse dans l'acte de donation. Le Code ne prévoit nulle part cette question ; elle ne peut se décider que par analogie des art. 1003, 1009, 1010, 1012 et 1024. Le silence du législateur a fait naître deux systèmes : le premier appliquant aux donataires la théorie du paiement des dettes par les légataires, et le second qui est le nôtre, soutenant que les donataires ne sont jamais tenus des dettes du donateur à défaut de stipulation expresse.

Etablissons brièvement cette opinion :

La loi divise les legs en legs universels, à titre universel et à titre particulier.

Le legs universel est celui qui donne vocation au tout, un droit éventuel à la totalité des biens que laissera le testateur, au jour de son décès. On peut être légataire universel, bien que l'exécution du legs ne réponde pas toujours à la vocation qu'il donne, car ce n'est pas le résultat acquis qu'il faut considérer. Y a-t-il espoir et possibilité d'avoir tous les biens que le testateur laissera à son décès, le legs est universel (art. 1003).

Le legs à titre universel n'a pas été défini par le Code, qui se contente d'énumérer les cas dans lesquels il a lieu. L'article 1010 qui les cite, dit qu'il y a legs à titre universel, lorsque je lègue :

Soit une fraction de mon disponible, telle qu'une moitié, un quart ;

Soit tous mes immeubles ;

Soit tous mes meubles ;

Soit une fraction de tous mes immeubles ;

[1] Ricard, part. 1, n° 1028, ch. 4, sect. 2.

Soit une fraction de tous mes meubles;

Enfin, le legs est à titre particulier, quand il n'est ni universel, ni à titre universel, comme le legs d'une maison, d'un usufruit, d'une somme d'argent.

De même, on a appelé donations particulières, universelles ou à titre universel, celles qui correspondent pour leur *quantum* à la division légale des legs.

En ce qui concerne la donation à titre particulier, les partisans du premier système admettent que le donataire n'est pas tenu de plein droit des dettes du donateur, le légataire à titre particulier lui-même n'étant pas tenu des dettes du testateur (art. 874 et 1020, C. civ.), sauf l'hypothèque qui pourrait exister sur l'immeuble donné ou légué, et le droit pour les créanciers du donateur d'intenter l'action révocatoire, conformément à l'art. 1167.

Mais quant aux donations appelées, par analogie avec les legs, donations universelles et donations à titre universel, que décider? Devrons-nous dire que le donataire universel de tous biens présents est tenu, comme le légataire universel, de toutes les dettes, et que le donataire à titre universel est tenu, comme le légataire à titre universel, en proportion de la part qu'il recueille, ou bien que ni l'un ni l'autre ne sont jamais tenus d'acquitter les dettes du donateur, sauf le cas de l'hypothèque? Bien que la doctrine contraire soit adoptée par beaucoup d'auteurs, tels que Dalloz [1], Marcadé [2], Grenier [3], etc., nous croyons que le donataire n'est jamais tenu de plein droit des dettes du donateur. On ne peut en effet, selon nous, assimiler le donataire au légataire universel ou à titre universel. Que la donation soit de tous les biens

(1) DALLOZ, *Répert., dispos. entre-vifs,* tit. 3, ch. 1, sect. 3, n° 1717

(2) MARCADÉ, t. II, sur les art. 612, n° 3, et 871, n° 1.

(3) GRENIER, *des Donat.*, t. 1, part. 1, ch. 2, sect. 2, n° 89.

présents ou d'une quotité déterminée de ces biens, le donataire ne peut jamais être qu'un successeur à titre particulier, car le successeur universel ou à titre universel est celui qui succède à l'universalité ou à une quote-part de l'universalité des biens d'une personne, et l'universalité comprend les biens présents et à venir. La donation de biens présents, qu'elle soit de tous, ou d'une certaine quantité de ces biens, n'est toujours qu'à titre particulier, puisque les biens à venir, ceux que le donateur acquerra et laissera à son décès, ne sont pas compris dans la donation, et ne peuvent même pas y être compris, aux termes de l'article 943. Aucun texte du Code ne soumet d'ailleurs le donataire de biens présents à l'obligation de payer les dettes du donateur; le titre des successions, non plus que celui des donations entre-vifs et des testaments, ne parle que des héritiers et légataires à titre universel ou universels, et des donataires de biens à venir par contrat de mariage (art. 1084, 1085).

Ces articles fournissent un argument de plus à notre opinion, puisque l'article 1085 soumet le donataire de biens présents et à venir au paiement des dettes, disposition qui eût été inutile, si tout donataire eût été soumis à cette règle. D'ailleurs, le résultat du système que nous adoptons, qui était celui de la loi romaine [1] et de Ricard [2] n'est pas aussi inique qu'il le paraît tout d'abord. Et en effet, de deux choses l'une : ou le droit des créanciers est postérieur ou il est antérieur à la donation de tous biens présents ou d'une quotité déterminée de ces biens. Au premier cas, les créanciers n'ont pas dû compter sur les biens donnés, puisque ces biens, quand ils ont traité avec le donateur, n'étaient plus déjà dans son

[1] L. 12, C., *de Donat.*

[2] Ricard, part. 1, n° 1025, ch 4, sect. 2.

patrimoine. Au second cas, ils ont ratifié et approuvé d'avance les donations que pourrait faire le débiteur, car en ne se faisant pas donner de sûretés, comme un gage, une hypothèque, ils ont permis tacitement au débiteur de disposer à son gré de ses biens, sauf la restriction de l'article 1167, et partant, l'aliénation qu'il a faite de bonne foi est irrévocable. Enfin, nous dirons avec M. Demolombe [1] que, si la division de l'action personnelle des créanciers du donateur entre ce dernier et le donataire avait lieu de plein droit, la convention des parties qu'autorise l'article 945 n'aurait aucun effet à l'égard des tiers, qui, ayant un droit légal en tant que créanciers, ne sauraient se le voir enlevé par une convention modificative de ce droit, qui serait intervenue entre le donateur et le donataire. Mais nous n'admettons pas, comme le fait le même jurisconsulte [2], que « dans le cas même où le donataire n'aurait été soumis par aucune convention, ni expresse, ni tacite, à l'obligation de payer les dettes, le donateur aurait, en général, le droit de retenir sur les biens donnés une valeur suffisante pour les acquitter ». C'est, en effet, ruiner le système que nous défendons, quelque distinction que l'on puisse faire entre l'obligation personnelle du donataire et la retenue des dettes exercée par le donateur sur les biens donnés. Ce dernier n'aura qu'un seul moyen d'obliger le donataire de tout ou d'une quotité de ses biens présents, de payer tout ou partie de ses dettes, c'est de lui imposer cette obligation par l'acte même de donation, conformément à l'article 945. Il est toutefois évident que le donataire peut être tenu envers les créanciers du donateur, soit par l'effet de l'action hypothécaire (art. 2166), soit par l'effet de l'action Paulienne révocatoire (art. 1167).

(1) Demol., *Donat.*, t. III, tit. 2, ch. 4, n° 454 4°.
(2) Demol., *loc. cit.*, n° 460.

Supposons donc que le donateur a voulu charger le donataire d'acquitter tout ou partie de ses dettes, et voyons comment sa disposition doit être faite, pour ne pas être contraire à la maxime donner et retenir ne vaut, c'est revenir ainsi à l'explication de l'article 945. Deux cas y sont prévus :

1er cas. — Donation avec charge de payer les dettes présentes du donateur. Cette donation est valable, car le donateur ne peut plus porter atteinte à la donation, qui est irrévocablement réglée. Il n'est pas nécessaire, dans ce cas, que les dettes ou charges soient exprimées dans l'acte ou dans un état y annexé, car la loi ne l'exige que pour les dettes futures; la disjonctive *ou*, qui relie les deux parties de l'article, le prouve bien, ainsi que le motif qui a fait exiger l'énumération des dettes futures, qui est de ne pas permettre au donateur d'amoindrir ou d'anéantir la donation, inconvénient qui n'est pas à craindre, quand il s'agit de dettes présentes.

2e cas. — Donation avec charge de payer les dettes exprimées soit dans l'acte de donation, soit dans l'état qui y est annexé. Ces expressions peuvent s'interpréter en deux sens : 1° comme se rapportant à telles ou telles dettes présentes énoncées dans l'acte ou l'état y annexé ; 2° comme ayant trait aux dettes futures. Il est certain, comme nous venons de le prouver, que la loi a envisagé seulement les dettes futures, en ce qui concerne l'énumération exigée par l'article 945 *in fine*, mais rien n'empêcherait du reste le donateur d'indiquer les dettes présentes dont il charge le donataire; ce pourrait même lui être souvent utile pour bien fixer l'obligation de ce dernier ; toutefois, comme nous l'avons dit, une énumération n'est pas nécessaire à la validité de la donation.

Si celle-ci est faite sous la condition d'acquitter telles ou telles dettes futures désignées, par exemple de payer une somme fixe que le donateur se propose d'emprunter, ou qui constitue le prix d'un immeuble qu'il a l'intention d'acheter, le donataire est tenu de payer ces dettes, qu'elles soient ou non contractées plus tard par le donateur, et la donation n'est valable, quoi qu'il arrive, que déduction faite du montant des dettes exprimées, car par cela seul que le donateur pouvait les contracter, la donation n'était plus irrévocable jusqu'à concurrence de leur chiffre. L'article 946 fournit d'ailleurs un argument d'analogie, que la lecture seule de son texte met en évidence.

En décidant que les dettes futures doivent être spécifiées, l'article 945 prouve *a contrario* que la donation faite à la charge de payer toutes les dettes futures du donateur est nulle, car, celui-ci pouvant en contracter autant qu'il lui plaît, elle est contraire à la maxime donner et retenir ne vaut.

Un donateur peut-il assujettir le donataire à payer les legs contenus dans un testament existant à l'époque de la donation ? Non, car si les dettes présentes peuvent être mises à la charge du donataire sans qu'il soit nécessaire de les spécifier, c'est que la donation est irrévocable. Il n'en est pas de même, quand il s'agit de legs contenus dans un testament existant, et auquel le donateur se référerait, et cela pour deux motifs, le premier, c'est que les legs ne sont pas des charges présentes et certaines, puisque le donateur est toujours libre de révoquer son testament, et de rendre ainsi la donation incertaine ; le second, c'est que l'article 945 exige que les charges futures soient exprimées dans l'acte de donation ou dans un état y annexé.

Mais que décider, si le donateur avait mis à la charge du donataire l'obligation d'exécuter le testament qu'il pourrait faire plus tard ? Selon les principes du droit romain, cette donation aurait été valable, mais dans les pays coutumiers, elle était généralement déclarée nulle. Ricard [1], interprétant la coutume d'Auvergne, décidait cependant que la faculté de disposer réservée au donateur pourrait s'exercer *boni viri arbitrio*. A partir de l'ordonnance de 1731, aucune divergence ne fut plus possible, et Furgole, sur l'article 16, dit que « c'est contrevenir à la maxime donner et retenir ne vaut, lorsque le donateur impose au donataire une charge indéfinie, qui a trait de temps à l'avenir, et qu'il dépend de la volonté du donateur d'augmenter comme il lui plaît ». Cette doctrine est encore vraie aujourd'hui ; toutefois, nous estimons que la donation serait valablement faite, sous la condition de payer les frais funéraires du donateur. Cette charge, en effet, n'est pas indéterminée, elle ne dépend pas de la volonté arbitraire du donateur, car elle pourra être toujours réglée fixément, suivant sa dignité ou sa fortune, *secundum qualitatem personæ et bonorum* [2].

La donation, faite sous la condition que le donataire paiera seul toute la réserve, sera en général valable, car la clause n'est pas potestative pour le donateur, puisqu'il peut se faire qu'il n'ait pas d'héritiers à réserve à son décès, s'il ne lui est pas né d'enfants, ou si les réservataires qui existaient à l'époque de la donation sont décédés depuis. Toutefois, si l'intention du donateur avait été, non pas de s'en référer au droit commun, mais de faire peser une charge spéciale et plus rigoureuse sur le donataire, la donation devrait être déclarée nulle.

Nous voyons, d'après ces hypothèses diverses qui découlent de l'art. 945, que la loi se montre ici plus rigoureuse que dans le cas d'une donation cumulative de biens

(1) RICARD, *loc. cit.*, nos 1032 et 1033, part. 1, ch. 4, sect. 2.
(2) DUMOULIN, sur l'art. 20 du ch. 14 *de la cout. d'Auvergne.*

présents et à venir. Il résulte en effet de l'art. 945 que toute donation qui imposerait au donataire des dettes futures, en général, est complétement nulle, sans que ce dernier puisse en profiter, en considérant la condition comme non écrite et en se bornant aux charges auxquelles il aurait pu être valablement assujetti. C'est que la loi, se faisant l'interprète de l'intention des parties, a supposé qu'il entrait dans leur pensée que la disposition ne pût être exécutée que dans son ensemble, le donateur étant censé n'avoir donné qu'à la condition que le donataire exécuterait indistinctement toutes les charges qu'il avait acceptées. Dans le cas, au contraire, d'une donation cumulative de biens présents et à venir, cet intérêt du donateur n'existant plus, la loi n'a pas trouvé d'inconvénient à maintenir la donation de biens présents, tout en déclarant nulle celle de biens à venir. (Art. 1084.)

—La dernière conséquence de la maxime donner et retenir ne vaut a été consacrée par le Code dans l'art. 946 :

« En cas que le donateur se soit réservé la liberté de disposer d'un effet compris dans la donation, ou d'une somme fixe sur les biens donnés, s'il meurt sans en avoir disposé, ledit effet ou ladite somme appartiendra aux héritiers du donateur, nonobstant toutes clauses et stipulations à ce contraires ».

Ces derniers mots de l'article ont pour but de trancher une difficulté qui avait été prévue dans l'ancien droit [1]. Si le donateur avait dit qu'en cas qu'il mourût sans avoir disposé de la somme réservée, il entendait qu'elle fît partie de la donation, fallait-il consacrer sa volonté ou considérer la donation comme nulle, quant à la somme réservée, par la raison qu'il n'y avait pas dessaisissement actuel et irrévocable de la part du donateur. L'art. 946,

[1] RICARD, 1re part., nos 1014, 1015, 1016, ch. 4, sect. 2.

qui n'est que l'application de l'art. 944 à un objet particulier pris parmi ceux composant la donation, ou à une somme fixe prise sur les biens donnés, est aussi la reproduction de l'art. 16 de l'ordonnance de 1731, et de l'article 274 de la coutume de Paris : il a adopté la décision suivie dans les pays coutumiers, où la tradition était exigée. Toute donation entre-vifs étant nulle d'après l'art. 944, quand elle est faite sous une condition dont l'exécution dépend de la seule volonté du donateur, la donation est nulle quant à cet objet ou à cette somme qui, n'ayant jamais cessé par conséquent d'appartenir au donateur, doit passer à ses héritiers.

Plusieurs auteurs pensent que si le donateur a stipulé une réserve éventuelle, c'est-à-dire subordonnée à une condition qui n'est pas purement potestative de sa part, l'art. 946 ne sera pas applicable, et que, si cette condition vient à défaillir, ce sera le donataire qui aura l'effet ou la somme donnée, et non les héritiers du donateur. L'exemple que l'on cite le plus habituellement est celui d'une donation portant cette clause : Je vous donne une ferme et ma maison, mais je me réserve de disposer de ma maison pour le cas où ma mère me survivrait. La maison sera-t-elle valablement donnée, si la mère du donateur prédécède ?

M. Demolombe, Marcadé, etc. admettent l'affirmative, soutenant que la donation est sous condition résolutoire, et comme cette condition ne dépend pas de la volonté du donateur, la donation sera valable jusqu'à ce que l'accomplissement de la condition vienne la résoudre (1).

Nous préférons l'opinion contraire (2), car que la ré-

(1) Demol., *Donat.*, t. III, n° 470. — Marcadé, t. III, n° 680, sur l'art. 946.

(2) Troplong, *Donat.*, t. II, n° 1226.

serve soit conditionnelle ou absolue, elle produit les effets déterminés par l'art. 946. Qu'on n'objecte pas que le donateur aurait pu dire : Je vous donne ma maison, mais la donation sera résolue si ma mère me survit. Dans ce cas, la donation est valable, car elle peut être faite sous une condition résolutoire casuelle : l'art. 944 ne le défend pas. Mais tout autre est l'espèce citée, car la condition résolutoire y affecte, non pas la donation existant *ex nunc,* c'est-à-dire dès l'instant de l'acte, mais la faculté pour le donateur de disposer de la maison donnée. Cette faculté réservée au donateur, si elle n'était pas conditionnelle, serait sans aucun doute contraire à l'irrévocabilité essentielle de la donation ; or, pourquoi ne pas décider de même, quand une condition y est apposée, car bien que conditionnelle, c'est toujours une faculté laissée au donateur, et c'est précisément ce que l'art. 946 prohibe expressément.

Quant à la clause par laquelle, en donnant des biens présents, le donateur se réserve la faculté d'assurer sur ces biens une pension viagère, à sa mère par exemple, ce n'est pas une réserve dans le sens de l'art. 946, et cette clause sera valable, car c'est une simple charge sur les fruits des biens donnés ; le capital de la pension ne pourra être réclamé contre le donataire, si la mère du donateur est morte avant lui.

Dans les cas où l'art. 946 est applicable, il n'est pas douteux, bien que le texte ne parle que des héritiers, que le donateur lui-même pourra refuser la délivrance, ou exercer la répétition des objets que le donataire ne peut conserver, puisqu'ils sont censés n'avoir jamais été compris dans la donation.

En terminant cette théorie des conséquences de la maxime donner et retenir ne vaut, disons que l'art. 946 n'empêche pas le donateur de se réserver, pour en disposer a son gré, la jouissance ou l'usufruit de tout ou partie des meubles ou immeubles donnés. Le législateur a pris la peine de le dire dans les art. 949 et 950, bien que cela fût inutile, puisque la donation avec réserve d'usufruit n'est qu'une donation de nue propriété, irrévocablement acquise au donataire.

DEUXIÈME PARTIE

Des exceptions à la règle de l'irrévocabilité des donations entre-vifs.

En établissant le principe de l'irrévocabilité, en déterminant avec précision ses applications et ses conséquences, la loi, nous l'avons dit, a voulu pourvoir à la stabilité des propriétés, ainsi qu'à l'intérêt du donateur et de ses héritiers.

C'est pour cela qu'elle a entouré la donation de formes subtiles et nombreuses. Et quand la volonté des parties a été manifestée suivant les règles prescrites, il importait de la maintenir, ainsi que la bonne foi des conventions, c'est encore ce que le législateur a voulu réaliser, en empêchant le donateur de porter atteinte à une donation valablement formée. Mais il n'est pas de principe, si respectable et si nécessaire qu'on le suppose, qui ne souffre des exceptions également bonnes et utiles. Si, en effet, le donateur doit respecter le pacte intervenu entre lui et le donataire, ce dernier de son côté, doit respecter les conditions qui lui ont été imposées, et en tout cas, se montrer reconnaissant envers son bienfaiteur. D'autres considérations morales motivent encore d'autres causes de révocation, c'est-à-dire des dispositions de loi, où le principe de l'irrévocabilité a dû fléchir devant des considérations d'ordre public ou de famille.

Ces causes de révocation des donations ne sont pas seulement celles qui font immédiatement l'objet de cette étude, que le Code a développées d'une manière particulière, et qui sont la suite directe de la règle donner et retenir ne vaut. Il en est d'autres qui réunies peuvent se classer à peu près ainsi :

1° Le cas de l'accomplissement des conditions casuelles résolutoires, en général, et celui du retour conventionnel, en particulier.

2° Celui de l'art. 1167, c'est-à-dire quand la donation a été faite en fraude des créanciers du donateur.

3° Le cas de l'art. 947, qui n'applique pas la règle de l'irrévocabilité aux donations faites par contrat de mariage aux époux, ou enfants à naître du mariage, ni aux dispositions entre époux par contrat de mariage, ou pendant le mariage.

4° Celui d'inexécution des charges ou conditions.

5° L'ingratitude du donataire.

6° La survenance d'enfants au donateur.

Ces trois dernières exceptions seules rentrent dans notre dissertation, cependant nous dirons quelque chose des autres causes de révocation ; il importe toutefois de bien se fixer auparavant sur deux points qu'il ne faut pas confondre, nous voulons dire l'irrévocabilité et la réduction, théories en apparences intimement liées l'une à l'autre, mais, en réalité, distinctes par leur principe, et par les règles qui les régissent. Nous savons ce que c'est que l'irrévocabilité, le sens dans lequel il faut l'entendre, l'origine de la maxime donner et retenir ne vaut, ses conséquences, les dispositions qui ne lui sont pas contraires, et il ne nous reste plus qu'à en étudier les exceptions. Nous pouvons donc établir, en peu de mots, ce qui sépare l'irrévocabilité de la théorie de la réduction.

La réduction est accordée aux enfants après la mort de leur père, la révocation est accordée au donateur en vue de ses enfants, dans son propre intérêt, ou dans celui de ses créanciers, ou enfin pour punir le donataire.

La loi laisse au père de famille le droit de disposer de ses biens, puisque c'est une conséquence du droit de propriété, mais elle réglemente ce droit qui, s'il était illimité, préjudicierait aux enfants du donateur. La paternité impose des obligations pendant la vie, elle en impose encore après la mort ; car si le père doit élever, aider et secourir ses enfants, il doit, en quittant la vie, leur laisser les moyens de soutenir l'existence qu'ils ont reçue, en ne leur enlevant pas la totalité de ses biens. C'est cette portion indisponible qui s'appelle la réserve, et quand elle a été entamée, il y a lieu à réduction (article 920). Comme c'est une portion de la succession *ab intestat* que la loi garantit aux enfants, il s'ensuit que ceux-là seuls y ont droit, qui sont héritiers, et que ceux qui cessent de l'être, cessent par là-même d'être réservataires. Les biens provenant de la révocation, font partie de la masse héréditaire, et tombent sous la main des créanciers; ceux qui sont obtenus au contraire par voie de réduction, ne profitent, aux termes de l'art. 921, ni aux donataires et légataires du défunt, ni à ses créanciers, excepté en ce qui touche ceux-ci, le cas où l'héritier réservataire accepte sous bénéfice d'inventaire, et même l'acceptation étant pure et simple, lorsque ces créanciers demandent la séparation des patrimoines.

La réserve se calcule d'après la qualité et le nombre des réservataires, que le disposant laisse à son décès, et en considérant la fortune qu'il eût laissée alors, s'il n'eût fait aucune libéralité. Quand le *de cujus* n'a fait que des donations, la réduction s'opère en commençant par la dernière, et ainsi de suite, jusqu'à ce que la réserve soit atteinte.

On voit par ce qui précède, que si le père n'a pas, de

son vivant, intenté l'action en révocation, les enfants pourraient préférer l'action en réduction, qui tournerait à leur profit exclusif. Mais alors les créanciers du *de cujus* pourraient demander eux-mêmes la révocation, car ce n'est pas un droit exclusivement attaché à la personne (art. 1166).

Les enfants ne peuvent profiter de l'action en révocation, qui compète à leur auteur, qu'en qualité d'héritiers; s'ils renoncent à sa succession, l'action que leur père n'aurait pas intentée, ne leur appartiendra pas.

Enfin le donateur peut céder ou vendre son droit de révocation, quand il lui est acquis.

Telle est, en résumé, la théorie de la réduction, particulièrement en ce qui concerne les donations ; elle est bien distincte des causes de révocation, à l'examen desquelles il faut revenir.

Nous avons dit qu'un premier cas de révocation était l'effet de la stipulation du droit de retour et de toute condition casuelle résolutoire, en général. Le Code ne l'a pas rangé parmi les exceptions à la règle de l'irrévocabilité, mais cependant cette stipulation anéantit, en se réalisant, toute donation, et elle a beaucoup d'analogie avec la révocation pour cause d'inexécution des charges, qui n'est qu'une résolution de la donation (art. 1184, C. civ.) On peut même dire que la révocation pour survenance d'enfants, est aussi l'effet d'une condition résolutoire tacite. Disons quelques mots du droit de retour, dont il est parlé aux articles 951 et 952, et que nous avons indiqué déjà, à propos de l'art 944 ci-dessus.

D'après l'art. 951, le donateur pourra stipuler le droit de retour des objets donnés, soit pour le cas du prédécès du donataire, que ce donataire soit ou non sans postérité, soit pour le cas du prédécès du donataire et de ses descendants. Cette clause n'est pas contraire au principe de l'irrévocabilité, le prédécès du donataire, ou du donataire et de ses enfants, étant indépendant de la volonté du donateur.

Dans l'hypothèse où le droit de retour est stipulé pour le cas du prédécès du donataire et de ses descendants, le droit ne s'ouvrira qu'à la mort du dernier des descendants du donataire, et nous estimons que l'existence d'un enfant naturel reconnu ou d'un enfant adopté, avant l'époque de la donation, empêcherait ce droit de s'ouvrir. Il en serait tout autrement, si l'enfant n'avait été reconnu ou adopté par le donataire que postérieurement à cette époque, car il n'est pas à présumer que le donateur ait voulu comprendre cette catégorie d'enfants, sous la dénomination générale de descendants. Mais l'enfant naturel du donataire, légitimé depuis la donation, devrait faire obstacle au droit de retour, l'art. 333 déclarant que les enfants légitimés doivent avoir les mêmes droits que les enfants nés du mariage.

Avant l'abolition de la mort civile, on pouvait se demander avec intérêt, si la mort civile du donataire, doit produire, quant à l'ouverture du droit de retour, le même effet que la mort naturelle. Le plus grand nombre des auteurs, admet l'affirmative, c'est aussi notre sentiment, mais il nous semble oiseux de nous attacher à discuter cette question, qui est sans application pratique aujourd'hui.

Plus sévère que l'ancienne législation [1], l'art. 951 déclare que le droit de retour ne pourra être stipulé qu'au profit du donateur seul. Il a voulu, par là, empêcher qu'on ne rétablît indirectement les substitutions qu'on venait de proscrire. (Art. 896.) Mais qu'arrivera-t-il si, nonobstant cette prohibition, le donateur a stipulé ce

[1] Pothier, *Oblig.*, n° 208. — Merlin, *Répert.*, v. Réversion.

droit pour lui, ou ses héritiers, ou pour un autre que pour lui ? Devra-t-on se borner à considérer cette clause comme nulle et illicite, et maintenir la disposition principale, en vertu de l'art. 900, ou annuler cette disposition elle-même ? On devra considérer cette clause comme illicite, et partant, comme non écrite, toutes les fois qu'elle ne présentera pas les caractères de la substitution prohibée. La nullité de la clause, dans le cas contraire, devra nécessairement entraîner celle de la disposition principale, non pas en vertu de l'art. 951, puisque cet article ne la prononce pas et que les nullités ne doivent pas être étendues par analogie, mais en vertu de l'art. 896, qui est formel à cet égard. Ajoutons cependant que, dans la première hypothèse, celle de la clause de retour pour le donateur ou ses héritiers, on devra voir le plus souvent une condition prohibée, et appliquer l'art. 900, l'interprétant suivant la loi 19, Dig., *de legibus* : « Ea potius accipienda est significatio, quæ vitio caret, præsertim quum etiam voluntas legis ex hoc colligi possit. » Et en effet, si le droit de retour se rapproche dans ce cas, par certains côtés, de la substitution, il s'en éloigne par d'autres. Il y aura toujours entre l'un et l'autre cette différence capitale que, « dans le droit de retour, l'héritier se présente comme représentant le donateur, et comme exerçant un droit qui eût été forcément réversible sur lui, si une disposition de loi exceptionnelle ne l'en eût privé, tandis que le substitué n'est qu'un tiers, qui exerce si peu les droits du donateur, que ce dernier, en faisant une substitution, a montré qu'il ne voulait conserver aucun de ces droits, qu'il voulait les abandonner tous » (1). Quant à l'hypothèse de stipulation de retour en faveur d'un autre que le donateur, c'est une véritable substitution prohibée, et l'art. 896 sera applicable.

(1) TROPLONG, *Donat.*, t. II, n° 1267.

Le droit de retour a pour effet de résoudre toutes les aliénations des biens donnés et de faire revenir ces biens au donateur, francs et quittes de toutes charges et hypothèques, sauf néanmoins l'hypothèque de la dot et des conventions matrimoniales, si les autres biens de l'époux donataire ne suffisent pas, et dans le cas seulement où la donation lui aura été faite par le même contrat de mariage duquel résultent ces droits et hypothèques. (Article 952.) — C'est, comme on le voit, l'effet attaché à toute condition résolutoire. L'événement de la condition venant à se réaliser, la donation est censée n'avoir jamais existé, et le donateur considéré comme n'ayant jamais cessé d'être propriétaire des objets de la donation.

Malgré la généralité des termes dont se sert l'art. 952, si la donation consistait en meubles, l'ouverture du droit de retour n'autoriserait pas le donateur à les revendiquer contre les tiers de bonne foi; son droit se trouverait limité, dans ce cas, par l'art. 2279.

Le donateur, pour exercer son droit de retour contre les héritiers du donataire ou du dernier de ses descendants, a une action personnelle, et, contre tout détenteur, une action réelle en revendication. Ces actions ne s'éteignent, à l'égard des héritiers, que par le laps de trente années, depuis le jour où s'est accomplie la condition résolutoire (art. 2262); mais les tiers détenteurs des immeubles donnés pourront opposer à l'action du donateur, s'ils sont de bonne foi, la prescription par dix ou vingt ans, à compter du jour de l'acquisition de ces immeubles. (Art. 2265.)

Nous voyons que la loi, faisant en faveur de la femme mariée une exception à ce principe que l'immeuble, la condition venant à se réaliser, rentre dans le patrimoine du donateur, libre de toutes charges et hypothèques, a décidé que cet immeuble demeurerait affecté à l'hypothèque légale de la femme du donataire, mais seulement quant à la dot, et aux recours qu'elle pourrait avoir à exercer contre son mari, par suite des conventions matrimoniales. Mais, comme cette exception ne repose que sur l'interprétation que la loi fait de la volonté du donateur, il faut décider que celui-ci pourra fort bien déclarer dans le contrat de mariage, que telle n'est pas son intention. On doit se garder aussi, par conséquent, d'étendre cette exception aux créances acquises par la femme contre son mari, pendant le mariage, et aux biens qui lui seraient donnés autrement que par contrat de mariage. Il faut, en résumé, pour que la femme puisse profiter de l'exception de l'art. 952 : 1° que la donation ait été faite dans le contrat même de mariage du donataire; 2° que la femme ait, par le même contrat, constitué une dot ou stipulé de son mari certains avantages; 3° que les autres biens du mari soient insuffisants, pour assurer par eux-mêmes le paiement de la dot et des autres conventions stipulées dans le contrat de mariage.

Tel est le droit de retour conventionnel, qui est une première exception à l'irrévocabilité des donations.

— La seconde est le cas de l'art. 1167, ou l'action Paulienne révocatoire. La loi n'en parle pas ici : c'est au titre des obligations que cette matière est traitée et qu'elle se rattache intimement. L'art. 1167 qui l'organise n'est pas, en effet, propre à la matière des donations, mais existe également au profit des créanciers, qui se trouveraient lésés par toutes espèces d'actes à titre onéreux faits par le débiteur en fraude de leurs droits.

— Passons donc à l'art. 947, qui établit une troisième exception à la maxime donner et retenir ne vaut, en disant que ses conséquences (art. 943, 944, 945 et 946) ne s'appliquent pas aux donations faites en faveur du mariage, ou entre époux, pendant le mariage.

Les contrats de mariage sont susceptibles de clauses testamentaires ; c'est ainsi qu'on peut instituer un héritier par contrat de mariage, ce qu'on appelle une institution contractuelle. Cette institution n'empêche pas le donateur d'aliéner, d'hypothéquer, de rendre ses biens responsables de ses dettes futures. Le donateur peut donc stipuler que le donataire sera chargé des dettes qu'il laissera à son décès, se réserver la disposition de tel ou tel bien, imposer des conditions potestatives, puisque ces clauses peuvent figurer dans une disposition testamentaire.

La loi a dû d'ailleurs encourager au mariage et faciliter les libéralités faites dans ce but. C'est pour cela qu'elle affranchit ces donations de certaines règles, qu'il ne rentre pas dans le cadre de cette étude d'étudier en détail, mais que nous pouvons indiquer sommairement. Ainsi, comme nous le disions, elles peuvent être faites :

1° Sous des conditions potestatives de la part du donateur (Art. 1086) ;

2° Comprendre des biens à venir (Art. 1084) ;

3° Elles ne sont point soumises à la solennité de l'acceptation (Art. 1087) ;

4° Elles peuvent être faites au profit de personnes qui ne sont pas encore conçues (1082) ;

5° Elles ne sont pas révocables pour cause d'ingratitude. (Art. 959.)

Les donations en faveur de mariage peuvent être faites par un tiers aux époux ou par un futur à l'autre futur. Celles que nous envisageons sont celles faites par un tiers dans le contrat de mariage. Elles se divisent :

1° En donation de biens présents : cette espèce jouit

de deux des dérogations ci-dessus, de celles prévues par les art. 1087 et 959.

2° En donation de biens à venir ou institution contractuelle. Cette donation a pour signe distinctif de laisser au donateur le droit de disposer de ses biens à titre onéreux, et d'assimiler le donataire à un héritier légitime réservataire, n'ayant aucun droit actuel, mais un droit s'ouvrant seulement au décès du donateur, et sous la condition de survie, soit de lui donataire, soit de sa postérité. Le donateur toutefois ne peut plus disposer à titre gratuit.

3° En donation cumulative de biens présents et à venir. Le donataire a, dans ce cas, la faculté de recueillir tous les biens que le donateur laisse à son décès, sous la charge de payer toutes ses dettes, ou de s'en tenir aux biens dont ce dernier était propriétaire, au moment de la donation, sous la charge de payer seulement les dettes dont il était tenu à cette époque. Cette faculté est toutefois soumise à deux conditions :

1° Qu'il soit annexé à l'acte de donation un état des dettes dont le donateur est tenu au jour de la donation. (Art. 1084-1085.)

2° Qu'il soit annexé à l'acte de donation un état estimatif des meubles appartenant au donateur à la même époque. (Art. 948.)

4° En donation faite sous des conditions potestatives de la part du donateur. Ce sont particulièrement ces donations qui sont affranchies de la règle donner et retenir ne vaut et de ses applications prévues par les art. 944, 945 et 946. (Art. 1086.)

Quant aux donations faites entre époux, elles peuvent être faites dans le contrat même du mariage (art. 1091), et sont alors soumises aux mêmes règles que celles de même nature, faites par un tiers, sauf quelques dérogations que voici : pour les donations de biens présents, elles ne sont point censées faites, sauf disposition expresse, sous la condition de survie du donataire. (Art. 1092.) Pour les donations de biens à venir (art. 1082 et 1083), et pour les donations cumulatives de biens présents et à venir (art. 1084 et 1085), elles sont caduques, par cela seul que l'époux donateur survit à l'époux donataire. — Elles ne sont point présumées faites au profit des enfants à naître du mariage. (Art. 1093.) — Elles ne sont pas révocables pour cause de survenance d'enfants.

Les donations entre époux peuvent être faites aussi pendant le mariage, et sont alors essentiellement révocables. (Art. 1096.)

Sans entrer dans le détail de ce sujet, il importe cependant de rechercher brièvement l'origine de cette exception. Les donations étaient prohibées à Rome entre époux légitimes : les égarements de l'amitié, l'avarice des époux, les facilités du divorce furent autant de raisons qui motivèrent cette prohibition. Nous retrouvons, dans les textes suivants, l'expression de ces motifs, que les mœurs avaient consacrés encore plus que les lois : « Moribus receptum est, ne inter virum et uxorem, donationes valerent.... ne mutuo amore invicem spoliarentur, donationibus non temperantes, sed profusa erga se facilitate. (Ulp., loi 1, Dig., de donat. inter virum et uxorem)... ne concordia pretio conciliari videretur, neve melior in paupertatem incideret, deterior ditior fieret. (Loi 3, eod. tit.) » Par la suite, dit M. Troplong, « les idées s'adoucirent, et comme il arrivait que les donateurs entre-vifs confirmaient assez souvent par leur testament la libéralité faite à un conjoint aimé, on se demanda s'il était bien nécessaire d'exiger cette confirmation expresse, et si l'on ne pourrait

(1) Troplong, *Donat.*, t. IV, n° 2635.

pas en trouver l'équivalent dans le silence du donateur gardé jusqu'à sa mort, et Antonin Caracalla [1] fit statuer par le Sénat que ces donations seraient confirmées par le décès du donateur, arrivé durant le mariage, sans que ce même donateur se fût repenti ».

Les pays de droit écrit suivirent la législation romaine dans ce dernier état.

Les coutumes de Paris (art. 282) et d'Orléans (art. 280) prohibaient entre époux toutes espèces de libéralités, sauf le don mutuel; le plus grand nombre des coutumes contenaient la même prohibition [2].

Pothier [3] les divise en quatre classes qu'il est inutile de rappeler, le droit commun étant la prohibition des libéralités entre époux. Coquille [4] (question 149) disait que « durant le mariage, l'amitié se doit entretenir par honneur et en l'intérieur du cœur, et non par dons. »

Le Code n'a adopté ni la législation romaine, ni le système coutumier. Il permet les donations entre époux, mais comme elles sont souvent inspirées par un amour aveugle et irréfléchi, ou arrachées à l'époux le plus faible, il les déclare révocables, sans les assimiler le moins du monde aux testaments, ou aux donations à cause de mort. Les donations entre époux, pendant le mariage, peuvent comprendre les mêmes biens que celles faites par contrat de mariage, biens présents, biens à venir, biens présents et à venir cumulativement. L'article 947 le dit explicitement. L'époux donateur peut révoquer sa libéralité, soit

(1) L. 32, Dig., *de Donat. inter. vir. et uxor.*

(2) Cout. de Sens (art. 71), d'Auxerre (art. 228), de Bourgogne (art. 26), etc.

(3) Pothier, *des Donat. entre mari et femme*, chap. prélim., art. 1, nos 7 à 14.

(4) Coquille, *Instit. au droit franç.*, Des gens mariés, p. 66.

par acte authentique, soit par acte sous seing privé, soit tacitement, en vendant ou aliénant le bien donné. La révocation pourra être faite par la femme, sans y être autorisée par le mari ou par justice (art. 1096). Disons en terminant que la faculté de révoquer est personnelle à l'époux donateur, et qu'elle ne pourrait être exercée, de son chef, par des créanciers (art. 1166) ([1]).

Les trois dernières causes de révocation, qui sont spécialement l'objet de la 2e partie de cette étude, sont la révocation : 1° pour cause d'inexécution des conditions (art. 953, 954) ; — 2° pour cause d'ingratitude du donataire (art. 955, 960) ; — 3° pour cause de survenance d'enfants au donateur (art. 960, 966).

SECTION Ire

Révocation pour cause d'inexécution des conditions.

Il est des conditions que la loi répute non écrites, ce sont celles qui sont contraires aux lois ou aux mœurs (art. 900). D'autres rendent nulle la donation par leur insertion seule, parce qu'elles lui donnent le caractère de substitution (art. 896). Enfin, nous savons ce que c'est que la condition suspensive ou résolutoire, que l'on peut opposer à la donation, comme à tous les autres contrats : la première, en ne se réalisant pas, empêche la donation d'exister, ce qui est bien différent de la révocation, et la seconde, dans le même cas, rend la donation définitive et incommutable. (Art. 1181 et 1183 C. civ.) Dans les articles 953, 954 et 956, ce n'est pas de ces diverses espèces

([1]) Troplong, *Donat.*, t. IV, n° 2672.

de conditions qu'il s'agit ; le mot conditions, dont la loi se sert, doit être entendu dans le sens de charges, parce qu'il s'agit ici, non pas d'événements futurs et incertains, à l'accomplissement desquels la donation serait subordonnée, mais d'obligations imposées au donataire par le donateur. On ne révoque d'ailleurs que ce qui a existé ; or, dans le cas d'une donation sous condition suspensive, si la condition vient à défaillir, la donation reste non existante, et dans le cas de condition résolutoire, son inexécution rend la donation définitive de provisoire qu'elle était ([1]). Le mot conditions de l'article 953 signifie donc les charges, les modes sous lesquels la donation peut être faite, la clause par laquelle le donataire est obligé de donner, de faire ou de ne pas faire quelque chose, en considération de la libéralité qu'il reçoit. Cette clause n'empêche pas la donation de se former et de s'exécuter comme une donation pure et simple. Elle n'est plus alors un acte de pure bienfaisance, elle participe sous un certain rapport de l'acte à titre onéreux : *mixtum est negotium cum donatione*, disait Ulpien ([2]), et le donataire qui a accepté est obligé personnellement envers le donateur.

Les jurisconsultes romains plaçaient au nombre des cas d'ingratitude l'inexécution des charges ([3]) et n'admettaient ainsi que deux causes de révocation des donations entre-vifs, l'ingratitude du donataire et la survenance d'enfants au donateur. L'ordonnance de 1731 n'en fit pas une cause spéciale de révocation, aussi Ricard ([4]), conformément à la loi romaine, ne voyait dans l'inexécution

([1]) En sens contraire. (Toullier, t. V, n° 278.

([2]) L. 18 *pr.*, D., *de Donat.*

([3]) L. 10, C., l. VIII, t. 46. — Pothier, *Donat.*, sect. 3, art. 3, § 1.

([4]) Ricard, part. 3, ch. 6, sect. 2.

des charges qu'un cas d'ingratitude, et appliquait à cette cause de révocation les règles spéciales à la révocation pour ingratitude, et non pas celles relatives à tous les contrats synallagmatiques. Furgole [1], au contraire, ne faisait pas cette confusion et admettait que l'inexécution des charges était une cause spéciale de révocation qui résolvait les droits concédés aux tiers par le donateur.

Le Code a consacré la doctrine de Furgole et ne voit, dans cette espèce de révocation, qu'une application ordinaire des principes sur la résolution des contrats synallagmatiques. L'article 1184 dit, en effet, que la condition résolutoire est toujours sous-entendue dans les contrats synallagmatiques, pour le cas où l'une des parties ne satisfera pas à son engagement. La stipulation de charges dans une donation forme donc une condition résolutoire, prise non pas dans le sens d'un événement incertain, car elle n'est pas casuelle, mais potestative pour le donataire, et n'opère pas de plein droit la résolution de la donation, puisque celle-ci subsiste tant que le donateur n'en a pas fait prononcer la révocation en justice (art. 956), et les tribunaux, conformément à l'article 1184, peuvent accorder des délais.

Le donateur ne s'est-il pas adressé à la justice, et le donataire a-t-il laissé passer le délai fixé pour l'exécution des charges, la donation subsiste.

Elle subsiste, même après la sommation d'exécuter que lui a fait faire le donateur, même après la demande en révocation que celui-ci a formée.

Elle n'est révoquée que quand le tribunal a prononcé sur la demande du donateur.

La révocation n'a donc pas lieu de plein droit, les juges peuvent même accorder un délai, suivant la faveur

(1) Furgole, *Des testam.*, t. IV, ch. XI, sect. 1, n°s 26 et suiv.

qui s'attache à la situation du donataire, à ses ressources, à sa diligence, ou n'en pas accorder, si l'exécution des charges n'est plus possible, si la chose est en danger de périr, etc. (art. 1184, 1244, 1655).

Après le délai de grâce, le donataire peut encore exécuter les charges, mais de nouveaux délais ne peuvent lui être accordés, si le donateur intente sa demande. Enfin, le donateur a pu stipuler que la révocation aurait lieu de plein droit, si le donataire n'a pas exécuté les charges à telle époque ; il devra cependant, en ce cas, s'adresser à la justice, mais aucun délai ne pourra être accordé au donataire (art. 1656). — Ou bien la donation porte-t-elle qu'elle sera révoquée pour inexécution des charges, par la seule échéance du terme et sans sommation, le donataire ne pourra pas exécuter les charges après l'époque fixée (art. 1139).

En suite de ce qui précède, nous devons nous demander si les causes de révocation que nous étudions sont bien réellement des exceptions à la maxime donner et retenir ne vaut, qui permet de subordonner la révocation à une condition casuelle. — Dans le premier des trois cas de révocation, l'inexécution des charges, la condition tacite à laquelle est subordonnée la révocation de la libéralité, condition analogue, avons-nous dit, à celle qui est toujours sous-entendue dans les contrats synallagmatiques (art. 1184), pour le cas où l'une des parties ne satisfera pas à ses engagements : cette condition, tout à fait indépendante de la volonté du donateur, ne saurait enlever à la donation son caractère d'irrévocabilité. Nous en dirons autant de l'ingratitude du donataire, car il n'est nullement au pouvoir du donateur de la provoquer ou de l'empêcher. Ce cas se distingue, il est vrai, du précédent, en ce que le fait qui donne lieu à la révocation n'a pas été prévu, même tacitement, à l'époque du contrat ; mais cette circonstance, qui peut influer sur les effets de cette révocation, n'infirme en rien l'observation que nous venons de faire. Quant à la survenance d'enfants, condition résolutoire tacite, que la loi elle-même a stipulée pour le donateur au moment du contrat, c'est une condition potestative de la part de ce dernier, en ce sens, du moins, qu'il ne tient qu'à lui de ne pas avoir d'enfants : elle imprime donc à la donation un certain caractère de révocabilité, mais ce caractère est bien loin d'être absolu, puisque, s'il peut dépendre du donateur de ne pas avoir d'enfants, il ne dépend pas toujours de lui d'en avoir. On a objecté que l'ingratitude du donataire et l'inexécution des charges n'opèrent pas par elles seules la révocation de la donation, et que, pour reprendre les biens donnés, le donateur doit demander en justice la révocation de la donation, que ce dernier est donc libre d'agir ou de ne pas agir, et que, sous ce rapport, la révocation pour inexécution des charges et pour ingratitude était potestative de sa part et formait bien ainsi des exceptions au principe de l'irrévocabilité. Mais cette objection est plus spécieuse que réelle, car avant le fait d'ingratitude ou l'inexécution des conditions, le donataire avait un droit propre et parfaitement indépendant, qui est devenu ensuite précaire et que le donateur peut reprendre, s'il le veut. Ce qui est potestatif pour ce dernier, ce n'est pas l'existence, mais l'exercice de son droit, deux choses qu'il ne faut pas confondre.

Les charges de la donation peuvent être imposées dans l'intérêt du donateur, c'est le cas le plus ordinaire, ou dans l'intérêt d'un tiers (art. 1121), mais peuvent-elles l'être dans l'intérêt propre du donataire ? En décidant que l'inexécution des charges rend la donation révocable, la loi suppose évidemment que la charge imposée est de telle nature que le donateur ait intérêt à son exécution, ne fût-ce qu'un intérêt d'affection : « Si filio, fratri, alumno prospectum esse voluerit. » (D., l. 2, § 7, de donat. — L. 13, § 1 de donat. int. vir. et uxor. — L. 71, de condit. et demonst.) Si le mode apposé à la donation était tout entier dans l'intérêt du donataire, ce serait plutôt un conseil qu'une charge proprement dite, plutôt « le motif de la donation et sa cause impulsive, comme le dit M. Demolombe [1], que sa condition ou sa sa cause finale » : quum quis acceperit, ut in suo ædificet, condici ei id non potest, quia magis donare videtur [2].

Quand le fait imposé au donataire est impossible à réaliser, l'article 900 est applicable. Bartole distinguait, suivant que le donateur aurait ou n'aurait pas ignoré l'impossibilité du fait qu'il a stipulé du donataire [3]. Mais cette distinction n'est plus possible aujourd'hui, en présence des termes de l'article précité. Une restriction cependant devrait être apportée à l'application rigoureuse de l'article 900 ; l'ancienne jurisprudence l'admettait, et Ricard l'exprimait en ces termes : « S'il apparaissait clairement que l'intention du testateur ait été de rendre le legs inutile par l'apposition d'une condition impossible, ou qu'il crut que la condition fût possible, je ne doute pas qu'en ce cas le legs devrait demeurer sans exécution, non pas en vertu de cette condition, qui ne peut produire de soi aucun effet, mais par la force de la volonté expresse ou présumée du testateur » [4]. Les conditions trop manifestement impossibles, ou trop visiblement illicites, faisaient présumer que le donateur était en démence ou qu'il n'avait pas voulu donner sérieusement, et alors on annu-

[1] Demol., *des Donat.*, t. 3, n° 569.

[2] Dig., l. 13, § 2, *de Donat. int. vir. et uxor.*

[3] Voet, *ad Pand.*, liv. XII, tit. 4, n° 7. — Doneau, *Comm. de Jure civ.*, liv. XIV, ch. 23, n° 5.

[4] Ricard, *Traité des dispos. condit.*, n° 226.

lait la disposition tout entière. Ce que l'on disait des testaments devrait encore être suivi aujourd'hui pour les donations, et la plupart des auteurs se sont rangés à cet avis. Mais en dehors de cette restriction, qui ne doit être admise qu'avec une grande modération et quand on ne peut pas interpréter autrement la volonté du disposant, l'article 900 subsiste, sans exception pour les donations proprement dites et pour elles seules, car si un contrat innommé était déguisé sous l'apparence d'une donation, on appliquerait d'autres règles, et la distinction de Bartole pourrait être acceptée [1].

La nature des conditions et charges et l'effet qui est attaché à leur exécution dépendent donc étroitement des termes dont s'est servi le donateur. Il faut aussi s'attacher aux circonstances et notamment à la nature du fait ou de la prestation qui fait l'objet de la condition.

Il est une question célèbre que nous pouvons présenter, maintenant que l'origine et le sens de l'art. 953 nous sont connus. Nous avons vu que le droit du donateur de demander la révocation s'analyse en une condition résolutoire produisant le même effet que dans les contrats synallagmatiques (art. 1184). Cette analogie doit-elle être appliquée complétement, et le donateur peut-il à son choix, comme le stipulant dans une convention, comme le vendeur, par exemple, qui peut poursuivre à son gré la résolution du contrat, pour défaut de paiement, ou le paiement lui-même, le donateur, disons-nous, peut-il demander la résolution de la donation, (art. 954) ou la maintenir, et forcer l'autre partie à exécuter les charges, qui lui sont imposées (art. 1184 *in fine*) ?

Chez les Romains, cette controverse n'existait pas, et

(1) Troplong, *Donat.*, t. 2, n° 1290.

l'on admettait que les charges étaient obligatoires pour le donataire : « Legem quam rebus tuis donando dixisti, ...apud præsidem provinciæ debes agere, ut hanc implere provideat [1]. » C'est seulement dans notre ancienne jurisprudence qu'elle a pris naissance, et il serait superflu de citer ici les opinions nombreuses et divergentes qui étaient émises par les jurisconsultes [2] ; l'opinion prédominante était, toutefois, que le donataire ne pouvait pas être directement contraint à l'exécution des charges.

Ecartons tout d'abord le premier côté d'une distinction que l'on retrouve dans plusieurs auteurs, et notamment dans M. Demolombe [3], et qui consiste à se demander d'abord, si le donateur peut renoncer à une donation pure et simple.

Ce point est controversé, mais il ne doit pas rentrer, suivant nous, dans la question que nous étudions. Nous estimons que le donataire peut renoncer à une libéralité pure et simple après l'avoir acceptée, de même qu'il pourrait renoncer à un prêt fait dans son intérêt, car alors la donation ne l'engage pas envers le donateur, qui n'a aucun intérêt, de son côté, à l'empêcher de renoncer : *adjuvari nos non decipi oportet,* dit la loi 17, § 3, *commodati,* au Digeste. Ce qui montre bien d'ailleurs que, dans la pensée du législateur, la donation n'oblige pas le donataire, c'est que le mot contrat, qui se trouvait dans la définition de la donation, fut remplacé par le mot acte, sous prétexte que la donation n'engendre point d'obligations réciproques. C'est, il est vrai, une erreur, mais qui prouve que, lors de la rédaction de l'art. 894,

(1) L. 9, Code, *de Donat.*
(2) DEMOL., t. 3, n° 571, p. 537.
(3) DEMOL., t. 3, nos 571 et 572.

l'idée dominante était que la donation pure et simple n'oblige pas le donataire. Une objection sérieuse a été faite, qui consiste à dire que le donataire est créancier, ou propriétaire depuis l'acceptation, et que pour rétrocéder son droit au donateur, sous quelque forme qu'il le fasse, il lui faut le consentement de ce dernier. On peut toutefois répondre que, le donateur n'étant pas obligé, d'après les principes du droit, rien ne peut le forcer à conserver une donation qu'il veut répudier, et que le consentement du donataire n'est nullement nécessaire. Il est, toutefois, d'évidence que le donataire pur et simple ne pourrait renoncer à la donation, au préjudice des tiers qui auraient contracté avec lui depuis la donation, car, étant garant de l'éviction, il ne peut leur nuire par une renonciation.

Abordons enfin notre question, et demandons-nous si le donateur peut forcer le donataire à accomplir les charges de la donation. Nous n'hésitons pas à soutenir que la donation devient alors un contrat synallagmatique, et que, comme dans tout contrat de ce genre, la partie, et, dans l'espèce, le donataire peut être contraint à exécuter les charges qui lui incombent (art. 1184).

Un premier argument prouve d'abord que la donation avec charges est obligatoire contre le donataire, c'est celui que l'on tire de l'art. 463, qui dit que « la donation faite au mineur, ne pourra être acceptée par le tuteur, qu'avec l'autorisation du conseil de famille, et qu'elle aura, à l'égard du mineur, le même effet qu'à l'égard du majeur. » La donation produit donc un effet à l'égard du donataire, cet effet n'est certainement pas l'effet actif de la donation, puisqu'elle est irrévocable pour le donateur, cela est de principe, c'est donc l'effet passif, c'est-à-dire les charges, qui sont imposées au donataire. Les partisans de l'opinion contraire expliquent l'art. 463, en disant que si la loi veut que le tuteur consulte le conseil de famille, c'est pour sauvegarder l'honneur du mineur, qui pourrait être compromis par la cause de la donation. Sans doute, cette raison a inspiré le législateur, mais il est non moins certain qu'il a considéré aussi les obligations pouvant résulter de la donation, pour le donataire, et la fin de l'article le prouve bien. L'art. 1052 refuse au donataire le droit de se soustraire aux charges, en abandonnant les biens donnés, et enfin l'art. 1086, en consacrant une exception à la règle, ne fait que la confirmer.

La donation, surtout la donation avec charges, est, personne ne le nie, une convention de bienfaisance participant, sous un certain rapport, de l'acte à titre onéreux ; or toute convention fait la loi des parties, et ne peut être dissoute par la seule volonté d'un des contractants (art. 1134), le donataire ne peut donc pas se délier suivant son bon plaisir, en abandonnant les biens donnés, ou ce qu'il en reste. Et, en effet, un pareil droit choquerait l'équité, car il n'est pas admissible que le donataire puisse léser les intérêts les plus respectables, les droits acquis d'un donateur, qui a pu légitimement compter sur la stabilité de son contrat et la bonne foi de celui auquel il a voulu procurer un bienfait, tout en se réservant, en retour, quelques avantages.

Si le Code, dans les art. 953 et 954, n'a parlé que du droit de révocation, c'est que, dans la section qui nous occupe, on ne traite que des causes de révocation formant exception au principe de l'irrévocabilité et qu'il importait d'ailleurs, de bien fixer le droit à cet égard, puisqu'il se dégageait d'une manière peu nette du droit antérieur.

La révocation d'une donation pour cause d'inexécution des charges, ne peut pas être demandée par le donataire, l'art. 1184 le prouve. Comment admettre d'ailleurs, que la partie, qui a violé sa foi, puisse profiter ainsi de son improbité, et demander la résolution de son engagement. Mais l'action appartient au donateur, à ses héritiers et à ses créanciers, suivant l'art. 1166. — Elle peut être intentée contre le donataire, contre ses héritiers ; mais les tiers détenteurs pourront se prévaloir de la prescription, s'ils sont dans les conditions prescrites par la loi (art. 2262-2265-2279).

Il peut se faire que les charges de la donation aient été imposées, au profit d'un tiers ; ce tiers, s'il a accepté, peut demander l'exécution des charges (art. 1121) de la part du donataire, mais en cas de refus, il ne pourrait demander la révocation, ce droit n'est accordé qu'au donateur. A l'inverse, celui-ci ne pourrait pas demander contre le donataire l'exécution des charges, mais il pourrait intenter l'action en révocation. C'était l'opinion de Furgole [1], et elle est exprimée d'une manière très-nette : « Il faut décider que le tiers ne pourrait agir que pour le paiement de la pension, parce que la faculté de révoquer la donation pour le défaut d'exécution des charges, en le considérant comme une ingratitude, n'est accordée qu'au donateur par la loi dernière au Code, *de revocandis donationibus*, et qu'en prenant la chose du côté de la répétition, elle ne peut pas non plus compéter au tiers, parce que les biens ne lui ont pas appartenu, qu'ainsi il ne peut pas les répéter ». Il n'y a pas de raison pour s'écarter de cette doctrine, et les motifs de Furgole sont encore concluants. Toutefois Vazeille [2] pense, à tort selon nous, que le tiers pourrait intenter l'action en révocation.

(1) Furgole, *des Testam.*, ch. XI, sect. 1, n° 151.

(2) Vazeille, sur l'art. 953, n° 5.

Quant au tiers cessionnaire, il pourrait intenter l'action. Il n'est pas douteux, en effet, que le donateur puisse céder, vendre son droit éventuel de révocation, car c'est une action d'un intérêt purement pécuniaire, et du moment que la cession est valable, le tiers cessionnaire pourra intenter l'action. M. Coin-Delisle est d'un avis contraire (1).

L'action en révocation pour inexécution des charges, n'est pas limitée par une prescription particulière, elle dure trente années, conformément au droit commun sur la prescription libératoire. L'art. 1304 est, en effet, étranger aux actions en résolution, il ne s'applique qu'aux actions en nullité ou rescision de contrat. Si les biens donnés sont possédés par des tiers, les art. 2262, 2265, 2279 seront applicables, suivant la nature des biens, la bonne ou mauvaise foi des détenteurs.

La révocation de la donation peut être demandée, quel que soit le motif de l'inexécution des conditions. Quand elle est prononcée, elle fait rentrer dans les mains du donateur les biens donnés, libres de toutes charges et hypothèques, du chef du donataire (art. 954) : « resoluto jure dantis, jus resolvitur accipientis. »

En ce qui concerne les fruits, ils ont été perçus ou par le tiers détenteur, ou par le donataire. Au premier cas, l'art. 549 est applicable, mais que décider au second ? Le donataire ingrat conserve, après la révocation, les fruits par lui perçus jusqu'au jour de la demande (art. 958) et dans le cas de révocation pour survenance d'enfants, ceux perçus jusqu'à la notification de la naissance de l'enfant (art. 962). Mais la loi est muette en ce qui touche l'inexécution des charges, aussi plusieurs opi-

(1) Coin-Delisle, *sur l'art. 954*, n° 8.

nions sont-elles soutenues. MM. Coin-Delisle [1] et Demolombe [2] appliquent par analogie l'art. 958. Duranton [3], Troplong [4] et d'autres soutiennent que le donataire doit rendre les fruits, à partir du jour où il a pu accomplir les charges. Dalloz [5] admet que la restitution des fruits est due, à partir de la mise en demeure du donataire d'exécuter les charges. Enfin, Mourlon [6] reproduit le système enseigné par M. Valette, qui consiste à exiger du donataire la restitution de tous les fruits depuis le jour de la donation.

Après quelque hésitation, nous penchons pour l'opinion de Dalloz, car le dernièr système est trop rigoureux et on ne saurait raisonnablement, comme le dit M. Demolombe, traiter le donataire qui a manqué d'exécuter les conditions, avec bien plus de sévérité que le donataire ingrat. Ce n'est, du reste, qu'à partir de la sommation, ou de tout acte qui met en demeure le donataire, qu'on peut le considérer comme possesseur de mauvaise foi, car il peut se faire que, pendant un certain temps, il n'ait pu accomplir les charges, et ce sera sa mise en demeure, qui marquera le moment certain où il n'a pas voulu exécuter le contrat qu'il avait conclu.

(1) Coin-Delisle, *Sur l'art. 953*, n° 22.
(2) Demol., *Donat.*, t. 3, n° 611.
(3) Duranton, t. 8, n° 543.
(4) Troplong, *Donat.*, t. 1, n° 295.
(5) Dalloz, *Répert.*, v. Donat., n° 1819.
(6) Mourlon, *Répét. écrites*, t. 2, n° 727.

SECTION III

Révocation pour cause d'ingratitude.

La révocation pour cause d'ingratitude n'est pas, comme la révocation pour inexécution des charges, fondée sur l'intention des parties : « Elle est entièrement due à la loi, disait Ricard [1], n'étant pas à présumer que les parties qui s'entretenaient par des bienfaits, prévissent en même temps l'accident d'une action si noire. » Elle est aussi pénale, car la donation n'est pas, à proprement parler, révoquée, puisqu'elle n'est pas anéantie dans le passé (art. 958) ; c'est une punition légale infligée au donataire, qui lui enlève, à cause de son ingratitude, le profit de la donation. Il serait, en effet, contraire à la justice, à la morale, que le donataire ingrat continuât à jouir de la donation que lui a faite celui dont il a méconnu les bienfaits.

C'est un point philosophique discuté que celui de savoir s'il est bon de punir l'ingratitude. Sénèque disait [2] : « Sed quum difficilis esset incertæ rei æstimatio, tantum odio damnavimus, et inter ea reliquimus quæ ad judices deos mittimus. » Il soutenait que l'opinion publique devait être la seule sanction de l'ingratitude, que les dieux devaient seuls la punir. Sans doute, si le législateur édictait des peines contre l'ingrat, il sortirait, suivant nous, de son domaine, et confondrait son devoir avec celui du philosophe ou du moraliste, car l'ingratitude, comme tous les autres vices, ne saurait être réprimée, et de même qu'on ne peut contraindre un homme à être

(1) Ricard, part. III, n°s 664-665.

(2) Sénèque, *de Benef.*, liv. 3, ch. 6. — Troplong, *Donat.*, t. 2, n° 1305.

généreux, doux et bon, on ne peut non plus lui commander la reconnaissance. Mais la loi, dans les articles que nous étudions, n'a considéré que le cas limité d'une donation où le donataire s'est montré ingrat envers son bienfaiteur, et elle trouve moral et juste de lui retirer le bénéfice qu'il a reçu. Quoi de plus naturel et de plus juridique ? Toutefois, comme la révocation pour cause d'ingratitude est toujours une atteinte au droit de propriété, on s'explique parfaitement pourquoi le droit romain a été si lent à consacrer, d'une manière définitive et générale, cette exception au principe de l'irrévocabilité. Appliquée d'abord aux donations faites aux affranchis par leurs patrons, auxquels elle faisait perdre la liberté, la révocation pour ingratitude fut ensuite admise pour les donations faites par les pères à leurs enfants, plus tard, pour celles faites par les mères et autres ascendants, et enfin, sous Justinien, pour toute donation [1].

L'ancienne jurisprudence suivait la loi romaine et avait même augmenté les causes de révocation pour cause d'ingratitude [2]. Le Code les a limitées à trois, que les juges ne peuvent étendre. Ces cas sont les suivants :

1° Si le donataire a attenté à la vie du donateur;

2° S'il s'est rendu coupable envers lui de sévices, délits ou injures graves ;

3° S'il lui refuse des aliments.

Nous examinerons spécialement chacune de ces espèces d'ingratitude, mais si nous comparons préalablement l'art. 955 à l'art. 727 qui nous dit dans quels cas un héritier est déclaré indigne, et par suite exclu de la suc-

(1) L. 2, 6 et 7, C. Théod., *De rev. Donat.* — L. 1 et 10, C. Just., *De rev. Donat.* — L. 1, id., *De ingrat. lib.*

(2) Pothier, *Donat. entre-vifs*, sect. 3, art. 3, § 1, n° 188. — Ricard, part. III, n°s 690 et suiv.

cession, nous voyons que la loi s'est montrée plus sévère pour le donataire que pour l'héritier. C'est qu'il faut, en effet, de bien puissants motifs pour intervertir l'ordre des successions légitimes, l'hérédité étant, dans le système du Code, la base fondamentale du droit de propriété. Il est facile de reconnaître, dans ces trois cas de l'art. 955, les cinq cas énumérés dans la loi 10, au Code, *de revocandis donationibus* (1), à l'exception cependant de l'inexécution des charges dont le Code, comme nous l'avons vu, a fait une cause spéciale de révocation, parce qu'elle a des effets qui lui sont propres.

Examinons successivement chacun des cas prévus par l'art. 955.

1. — *Attentat à la vie du donateur.*

La loi n'exige pas, comme pour l'héritier, que le donataire ait été condamné pour avoir attenté à la vie du donateur ; il suffit qu'il ait manifesté clairement la volonté de lui donner la mort. C'est pourquoi la prescription de 10 ans, qui (art. 637 C. d'inst. cr.) éteint l'action publique, ne s'applique pas à l'action en révocation, qui a ses règles propres et spéciales. Il faut toutefois qu'il y ait eu volonté de la part du donataire d'attenter à la vie du donateur. Si donc le donataire était en démence, s'il n'a fait qu'user du droit de légitime défense (art. 64 et 328 C. pén.), il n'y a pas lieu à révocation : « Nam jure hoc evenit ut, quod quisque ob tutelam corporis fecerit,

(1) « Ita ut injurias atroces in eum effundat, vel manus impias inferat, vel jacturæ molem ex insidiis suis ingerat quæ non levem sensum substantiæ donatoris imponat; vel vitæ periculum aliquod ei intulerit; vel quasdam conventiones sive in scriptis donationi impositas, sive sine scriptis habitas, quas donationis acceptor spopondit minime implere voluerit. »

jure fecisse existimetur [1]. Il en sera de même si l'homicide était ordonné par la loi et commandé par l'autorité légitime. (Art. 327 C. pén.) A plus forte raison, la mort ou une blessure causées au donateur par imprudence ne donneront pas lieu à révocation, car la loi suppose une volonté consciente de la part du donataire. Cette même raison nous porte à admettre avec M. Demolombe [2] que la tentative n'ayant pas eu d'effet par la volonté du donataire, bien qu'elle ait été manifestée par un commencement d'exécution, ne tomberait pas sous l'application de l'art. 955 : « il n'est jamais sage de fermer la voie au repentir ». Le mineur, s'il a agi avec discernement, encourra la déchéance de l'art. 955. La question serait plus délicate pour l'interdit.—Si le donataire est excusable aux yeux de la loi pénale, il devra néanmoins, suivant nous, subir la révocation, car l'excuse ne détruit pas la criminalité, elle ne fait que la diminuer, et il est toujours vrai de dire que le donataire a attenté à la vie du donateur. (Art. 321, 322, 324, 325 et 326 C. pén.) — Les coups et blessures ayant entraîné la mort, sans intention de la donner, rentreront dans les délits, sévices prévus par le § 2 de l'art. 955. Quant au duel entre le donateur et le donataire, ce sera, suivant M. Demolombe, une question de fait qui entraînera ou non, suivant les cas, la révocation de la donation [3].

Les art. 727 et 955 sont entièrement indépendants l'un de l'autre et ne doivent pas s'interpréter par comparaison. C'est pourquoi nous dirons qu'il ne faut pas reporter de l'un à l'autre les cas de ces articles ; c'est ainsi que le 3° de l'art. 727 ne serait pas une cause de révocation pour

(1) L. 3, Dig., *De just. et jure.*
(2) Demol., *Donat.*, t. 3, n° 623.
(3) Demol., *loc. cit.*, n° 626.

le donataire, car l'art. 955 ne cite expressément comme des cas d'ingratitude, en cette matière, que les trois qu'il mentionne. L'accusation capitale jugée calomnieuse de la part du donataire serait une cause de révocation, parce qu'elle rentre dans les injures graves qui sont prévues par l'art. 955, mais non pas parce qu'elles sont une cause d'indignité, aux termes de l'art. 727.

2. — *Sévices, délits ou injures graves.*

Les sévices consistent dans des actes de violence, soit physique, soit morale, dont le donataire pourrait s'être rendu coupable envers le donateur. Il faut que ces actes aient un certain caractère de gravité, qu'ils n'aient pas été provoqués par le donateur, etc., autant de questions d'appréciation laissées à la prudence des juges.

Les délits diffèrent des sévices en deux points ; d'abord, ce sont des actes punis par la loi, ensuite, ils peuvent s'adresser, soit à la personne, soit aux biens du donateur ; autrement, il n'y aurait pas eu de motif pour les distinguer des sévices et des injures. N'est-il pas du reste évident que le donataire qui incendie la maison de son bienfaiteur, qui le dépouille par le vol ou toutes sortes de manœuvres frauduleuses, est aussi coupable que celui qui s'est laissé aller, emporté par la passion, à des injures ou à des violences envers lui ? Sans interpréter absolument l'art. 955 2°, pour le mot délit, dans le sens de la loi romaine ci-dessus visée : « Si jacturæ molem ex insidiis suis ingerat, quæ non levem sensum substantiæ donatoris imponat », il faut décider que le délit doit avoir une certaine gravité; toutefois, bien que peu préjudiciable, il entraînerait la révocation s'il avait été commis avec l'intention bien arrêtée de nuire au donateur.

Quant à l'injure, c'est une parole, un écrit qui porte

atteinte à l'honneur, à la considération du donateur. La loi exige qu'elle soit grave. Pour apprécier ce caractère, une foule de considérations pourront guider le juge : les habitudes grossières du donataire, sa mauvaise éducation, ainsi que celle du donateur, la provocation de la part de ce dernier seront autant de causes qui atténueront la gravité de l'injure. De même, les lieux, le temps, la publicité seront des points à examiner. Pour constituer l'ingratitude, l'injure doit être circonstanciée ou, tout au moins, attaquer l'honneur, les mœurs, la probité, mais peu importe qu'elle soit publique ou secrète, vraie ou fausse, verbale ou écrite. Un fait même pourrait la constituer, par exemple l'adultère commis par le donataire avec la femme du donateur [1].

Les violences, les délits, les injures sont punissables quand ils émanent du donataire, et ne le sont que quand ils émanent de lui, car il ne doit pas être responsable des actions de ses proches ou des autres. Et quand le donataire est l'auteur de la violence, du délit ou de l'injure, il faut, pour qu'il y ait motif à révocation, que ce soit bien au donateur qu'il ait voulu nuire. C'est ainsi que Furgole [2] décidait qu'il n'y avait pas lieu à révocation quand il avait frappé le donateur, croyant frapper un tiers : « l'ingratitude étant un vice de l'esprit et de l'âme, on ne peut pas y tomber sans une intention formelle de frapper le donateur. » A l'inverse, si le donataire frappe un tiers, croyant frapper le donateur, il y a ingratitude dans le sens de l'art. 955. Le délit, l'injure grave qui atteignent les enfants, le conjoint du donateur sont une cause de révocation, parce qu'ils sont censés rejaillir sur ce dernier ; il faut donc pour cela que le donateur soit

(1) RICARD, part. 3, nos 690, 691, 692, ch. 6, sect. 2.

(2) FURGOLE, *Des testam.*, ch. XI, sect. 1, n° 80.

vivant. Pothier [1] l'admettait, quand l'offense était grave; l'art. 1113 fournit un argument d'analogie, et comment d'ailleurs se refuser à trouver dans cette cause un motif de révocation, quand le délit qui n'attaque que les biens du donateur, constitue l'ingratitude?

L'injure grave faite à la mémoire du donateur n'est pas une cause de révocation. Quelques auteurs [2] l'ont soutenu, cependant, en se fondant sur l'autorité de Pothier [3], sur des considérations morales et sur l'analogie frappante, selon eux, des art. 1046-1047 avec l'art. 955. M. Demolombe [4] et la majorité des auteurs se décident pour la négative, et avec raison. Car, de ce que l'art. 1046 assimile aux testaments les deux premiers cas de révocation de l'art. 955, il ne s'ensuit pas que l'art. 1047 doive en retour s'appliquer aux donations; en effet, toute pénalité, et la révocation pour ingratitude est pénale, doit s'interpréter restrictivement. Au surplus, en matière de testament, l'injure ne peut s'adresser qu'à la mémoire du testateur, puisque le légataire n'entre en jouissance du legs qu'à la mort de ce dernier. L'art. 1047 est donc le complément indispensable de l'art. 1046, et on ne peut en aucune façon en tirer un argument. Au reste, l'article 947, qui n'accorde le droit d'intenter l'action en révocation aux héritiers du donateur que par transmission, achèverait de prouver péremptoirement notre système, si la réfutation de l'argument tiré de l'art. 1047 ne l'établissait pas assez nettement.

Ce sera au donateur à prouver les faits d'ingratitude

(1) POTHIER, *Donat.*, sect. 3, art. 3, § 2, n° 195.

(2) BAYLE-MOUILLARD, sur Grenier, t. 2, n° 213, p. 193.

(3) POTHIER, Introd. au tit. 15 de la cout. d'Orléans, n° 3. — *Donat.*, sect. 3, art. 3, § 2, n° 196.

(4) DEMOL., *Donat.*, t. 3, n° 639.

qu'il invoque, et comme il n'a pu se procurer de preuve écrite, tous les moyens de preuve, même les simples présomptions, lui seront accessibles (art. 1315-1348).

3. — *Refus d'aliments.*

La troisième cause de révocation pour ingratitude est celle qui se justifie le mieux par la gravité de la faute du donataire, et qui témoigne le plus des sentiments mauvais dont il est animé envers son bienfaiteur. La législation romaine n'avait pourtant pas de disposition à cet égard, et le Code a précisément admis cette cause de révocation, pour faire cesser une controverse qui existait antérieurement. Les auteurs, en effet, n'étaient pas d'accord sur la question de savoir si ce refus suffisait pour motiver une demande en révocation. La plupart d'entre eux, cependant, se prononçaient pour l'affirmative (1), c'est aussi cette opinion qui a prévalu dans l'art. 955. « Il est bien sensible, dit Grenier (2) que cette cause est peut-être plus particulièrement que les autres soumise à l'empire des circonstances. Il serait difficile que les tribunaux ne fissent pas une différence entre la donation universelle absolue, et celle qui contiendrait une réserve en faveur du donateur ; entre la donation universelle et celle d'une quotité seulement, ou même d'un objet particulier, surtout s'il était d'une valeur modique, etc. »

L'art. 955 ne distingue pas ; aussi en concluons-nous que tout donataire doit des aliments au donateur, même en l'absence de toute stipulation expresse. Toutefois, la

(1) Ricard, *Donat.*, part. 3, ch. 6, sect. 2, n° 700 à 703. En sens contraire. Pothier, *Donat. ent.-vifs*, sect. 3, art. 3, § 1, n°s 190 et 191.

(2) Grenier, t. 2, n° 213, p. 190.

clause qui impose l'obligation de fournir des aliments n'est pas inutile, en ce sens qu'elle évite toute contestation sur la quotité due, et qu'elle rejaillit sur les tiers puisqu'alors la donation est révoquée pour inexécution des conditions (art. 954), ce qui n'a pas lieu, à défaut de toute stipulation (art. 958).

Mais si tout donataire universel, à titre universel, à titre particulier, doit des aliments ; il ne les doit qu'en proportion des biens donnés, mais l'obligation va-t-elle jusqu'à les épuiser ? Le silence du Code laisse à cet égard une grande latitude d'appréciation aux juges qui chercheront à concilier deux points essentiels; l'un, qui sera de ne pas épuiser la donation, de manière que l'obligation aux aliments soit un moyen indirect de la révoquer, l'autre, ne pas laisser le donateur dans l'indigence dont il aurait été préservé, s'il n'eût pas fait la donation. Mourlon [1] estime qu'on ne doit pas excéder les revenus des biens donnés. M. Demolombe [2] incline à croire qu'on peut épuiser tous ces biens.

Le donataire ne manque au devoir de gratitude que quand le donateur est dans le besoin, or il ne l'est pas, quand il a des parents légalement tenus de pourvoir à sa subsistance, et en position de le faire (art. 203-205) [3]. Le donataire devrait en tout cas secourir provisoirement le donateur.

Celui-ci ne pourra faire révoquer la donation que quand le refus du donataire aura été dûment constaté. Pour cela, il lui fera une sommation extra-judiciaire, avec indication de ses préventions. Si le donataire refuse, la justice prononcera de suite la révocation de la dona-

(1) Mourlon, *Répét. écr.*, t. 2, n° 733.

(2) Demol., *Donat.*, t. 3, n° 649.

(3) En sens contraire, Bayle-Mouillard, sur Grenier, n° 213, note *c*, p. 190.

tion, ou arbitrera la somme due par le donataire, suivant les circonstances.

Aux termes de l'art. 956, la révocation pour cause d'ingratitude, n'a jamais lieu de plein droit; il en est de même, nous l'avons vu, de la révocation pour inexécution des charges. La révocation pour ingratitude, est une peine infligée au donataire, mais le donateur devait rester maître de la faire prononcer par la justice, ou de pardonner au donataire. Les juges ne peuvent pas ici accorder de délai, puisque la révocation est une peine; c'est une première différence avec le cas d'inexécution des charges. D'autre part, le pardon doit généralement se présumer, et comme le dit M. Troplong (¹), « la société souffrirait, si les sujets d'inimitié n'étaient pas promptement vidés, et si la poursuite des délits ou quasi-délits se faisait trop attendre. »

Dans l'ancienne jurisprudence, on ne voyait dans cette action en révocation, que l'accessoire de l'action principale naissant du crime ou du délit constituant le fait d'ingratitude, et suivant Ricard (²), c'était la prescription trentenaire qui s'appliquait, sauf le cas de crime où c'était la prescription de vingt ans, et le cas d'injure verbale, où l'action était annale. Mais l'opinion de ce jurisconsulte n'était pas isolée, et pour éviter toute difficulté à cet égard, le Code a voulu que cette action fût exercée dans un délai fixé, et assez court. Si le donateur laisse s'écouler un an, depuis le jour où le fait d'ingratitude a été commis, a été connu, ou pu être connu de lui, il sera censé avoir renoncé à son action (art. 957). Nous remplaçons le mot délit de l'article, par celui d'ingratitude, car il peut se faire que le

(¹) TROPLONG, *Donat.*, t. 2, n° 1323.

(²) RICARD, part. 3, n° 729. — DEMOL., t. 3, *Donat.*, n° 660.

donateur connaisse le délit, mais qu'il ignore que le donataire en soit l'auteur. L'action annale de l'art. 957 est complétement indépendante de l'action publique, naissant du crime ou du délit, car le fait qui donne lieu à la révocation pour ingratitude, est toujours une offense qui, grave ou légére, doit être soumise au même délai.

Si le donateur intente l'action après le terme d'un an, c'est à lui de prouver qu'il n'a pas eu connaissance du délit depuis plus d'une année, et il suffira au donataire, pour faire repousser son action, d'établir, non pas le contraire de ce qu'il soutient, mais seulement, qu'il a pu, d'après les circonstances, connaître le délit depuis plus d'un an, sauf bien entendu la preuve contraire que pourra faire le donateur. Le donataire repoussera également l'action, en prouvant que celui-ci lui a pardonné expressément ou tacitement, par exemple, en exécutant la donation après l'injure reçue. Furgole, à ce propos, fait une distinction bizarre qui ne peut se soutenir : il prétend que le pardon de l'injure ne fait pas supposer la renonciation à l'action qui en résulte, parce que, dit-il, on peut pardonner, uniquement par charité chrétienne. M. Troplong ([2]) répond justement que la renonciation, en effaçant l'injure, éteint aussi l'action qui en est la suite ; et on pourrait ajouter, en réponse au sentiment de Furgole, qu'il n'est pas charitable de pardonner d'un côté, et de se réserver, d'autre part, le profit de son action.

Lorsque le fait d'ingratitude a été pardonné, ou que le donateur a laissé passer le délai d'un an, sans intenter d'action, et que le donataire, par de nouveaux faits, retombe sous le coup de l'art. 955, le délit pardonné ou

([1]) TROPLONG, t. 2, *Donat*, n° 1326. — POTHIER, *Donat.*, sect. 3, art. 3, § 5, n° 207.

prescrit ne pourra pas être invoqué. L'art. 273 ne sera pas applicable, mais les juges pourront, en considération des faits précédents, apprécier plus sévèrement l'ingratitude nouvelle du donataire.

Le délai d'un an de l'art. 957, n'est pas une prescription ordinaire à laquelle on doive appliquer les règles des art. 2242 et suivants, 2252 et 2253. L'art. 966 qui organise une véritable prescription pour la révocation à cause de survenance d'enfants, forme, en effet, contraste avec l'art. 957, dont les termes précis montrent bien qu'il n'y s'agit que d'une déchéance, qui ne peut, en aucune façon, être évitée après le délai d'un an. La démence, l'impossibilité physique d'agir, l'interdiction du donateur n'interrompraient pas cette prescription particulière, qui est analogue à celles de l'art. 1663, pour la faculté de rachat, et de l'art. 1676, pour la rescision de la vente pour lésion. Afin de consolider la propriété, le législateur a dû admettre un délai très-court; le donateur trouve d'ailleurs, le plus souvent, dans son action en dommages-intérêts, quand elle est possible, une ressource qui le dédommage.

Les art. 299 et 300 sont, dans l'opinion la plus accréditée, applicables à la séparation de corps ; c'est aussi notre sentiment, et cela nous conduit à décider que la demande en séparation de corps, intentée par un époux contre son conjoint donateur, dans le délai d'un an, entraîne implicitement la demande en révocation de la donation ; si donc le donateur meurt pendant l'instance, les héritiers pourront intenter l'action en révocation par transmission (art. 937 2°) (1).

L'action en révocation pour ingratitude peut être in-

(1) Troplong, *Donat.*, t. 2, nos 1338-1342. — Demol., id., t. 3, n° 673.

tentée contre un donataire incapable, mineur, interdit, femme mariée. C'est, en effet, une déchéance pécuniaire qui s'applique à tous : « in delictis neminem ætas, aut status excusat » (art. 1310) ; sauf en ce qui concerne la femme mariée, les droits du mari, si le régime sous lequel elle est mariée attribue à celui-ci la puissance des biens (art. 958). A l'inverse, l'ingratitude du mari usufruitier des biens donnés à sa femme n'entraînerait pas révocation de la donation, car l'ingratitude est un fait qui doit émaner du donataire lui-même [1].

Mais l'action en révocation pour ingratitude peut-elle être intentée par le donateur contre les héritiers du donataire, et par les héritiers du donateur contre le donataire ou ses héritiers ? Cette révocation, dit l'art. 957, ne pourra être demandée par le donateur contre les héritiers du donataire, à moins que, dans ce dernier cas, l'action n'ait été intentée par le donateur, ou qu'il ne soit décidé dans l'année du délit.

Pour expliquer clairement ce texte, il faut supposer plusieurs hypothèses.

Si le donateur n'a pas intenté l'action du vivant du donataire, il ne pourra, non plus que ses héritiers, l'intenter contre les héritiers de ce dernier; à cet égard la loi est formelle. Mais, si l'action a été intentée par le donateur, *vivente donatario*, pourra-t-il la continuer contre les héritiers du donataire, si ce dernier vient à mourir pendant l'instance ?

Deux systèmes sont en présence, l'un soutenant l'affirmative, l'autre la négative.

Les partisans du premier argumentent ainsi : l'ancien droit avait adopté la jurisprudence romaine, suivant

[1] POTHIER, *Donat.*, art. 3, sect. 3, § 2, n°s 192 et 193. — RICARD, part. 3, ch. 6, n° 676.

laquelle l'action était essentiellement personnelle et ne pouvait être exercée ni par les héritiers du donateur, ni contre les héritiers du donataire [1]. Par exception, l'action devenait transmissible activement et passivement, quand elle avait été intentée du vivant du donateur et du donataire : « Omnes actiones, quæ morte aut tempore pereunt, semel inclusæ judicio salvæ manent » [2]. L'art. 957 n'a pas dérogé à ces principes, car s'il défend d'intenter l'action contre les héritiers du donataire, il ne défend pas de la continuer ; car, au premier cas, on ignore si le donateur n'aurait pas pardonné, et au second, ce doute n'est pas possible. D'ailleurs, la mort du donataire ne doit pas préjudicier au donateur, et les héritiers de ce dernier, pouvant continuer l'action intentée par leur auteur, pourquoi ne pas admettre la transmissibilité passive contre les héritiers du donataire ?

A cela nous répondons, avec M. Demolombe [3], Mourlon [4], etc., que l'art. 957 est tellement explicite qu'il nous paraît impossible d'admettre que l'action, intentée par le donateur, puisse être continuée contre les héritiers du donataire. Le droit de continuer l'action déjà intentée n'appartient, d'après le texte, qu'aux héritiers du donateur, et seulement contre le donataire : « Nous admirons, dit M. Demolombe, qu'on n'ait pas relevé dans l'opinion contraire cet argument si décisif ». Et en effet, il est presque inutile d'ajouter que la révocation pour ingratitude est uniquement une peine infligée au donataire, or toute peine est personnelle, et si le donateur

(1) « Actionem ita personalem esse volumus, ut vindicationis, id est vindictæ, tantum habeat effectum nec in heredem detur, nec tribuatur heredi. » (L. 7, C., *De rev. Donat.*).

(2) L. 139, D., *de reg. juris.*

(3) Demol., *Donat*, t. 3, n° 679.

(4) Mourlon, *Rép. écr.*, t. 2, n° 744.

perd le droit d'intenter son action à la mort du donataire, *a fortiori* perd-il celui de la continuer contre ses héritiers.

En ce qui concerne les héritiers du donateur, ils pourront continuer l'action, si le donateur l'avait déjà intentée, ou s'il est mort dans l'année, à compter du jour où il a connu ou pu connaître l'ingratitude du donataire (*nec obstat* la fin-de l'art. 957 mal rédigée). Mais dans ce dernier cas, les héritiers du donateur n'auront, pour intenter leur action, que le temps qui restait encore au défunt. En effet, ils ne font que prendre dans la succession de leur auteur le droit de révocation, tel qu'il existait pour lui-même. En règle générale, la transmission n'a donc pas lieu pour eux, puisqu'ils ne peuvent que continuer l'action, à moins que le donateur ne soit décédé dans l'année; mais l'exception que l'art. 957 *in fine* apporte à cette règle la détruit entièrement, car le donateur ne pourrait lui-même que continuer l'action, ou l'intenter, s'il se trouvait encore dans le délai légal; ses héritiers le pourront comme lui.

Le délai pour les héritiers sera donc tantôt d'un an, si le donateur est mort sans avoir connu le délit, soit, du reste de l'année qui aurait couru, à partir du jour où il aurait pu connaître le délit. Il ne commencera à courir pour eux, que du jour où ils auront connu ou pu connaître le délit. — Par héritiers, nous entendons les héritiers légitimes, et les successeurs aux biens. Qu'on n'objecte pas que, l'action étant pénale, *vindictam spirans*, et non pécuniaire, elle ne doit se transmettre qu'à ceux que des liens de parenté plus intimes rattachent au donateur, et non à ses successeurs aux biens. Si, en effet, l'action est pénale, elle n'a ce caractère qu'au regard du donateur contre le donataire. Pour les héritiers du donateur, elle ne peut être que pécuniaire, et l'art. 957

ne distingue pas, il prend le mot *héritiers* dans le sens large, comprenant tous ceux qui succèdent universellement, ou à titre universel au défunt.

L'action en révocation pour ingratitude est, du vivant du donateur, exclusivement attachée à sa personne, ses créanciers ne peuvent pas l'intenter pour lui, car il a toujours le droit de pardonner. Il a même ce droit, après avoir cédé son action à un tiers, comme il peut le faire, après qu'elle est ouverte; seulement s'il pardonne, il doit alors indemniser son cessionnaire, mais il ne peut point y renoncer ou pardonner d'avance [1].

Quel est l'effet de la révocation pour ingratitude? « La révocation pour cause d'ingratitude, dit l'art. 958, ne préjudiciera, ni aux aliénations faites par le donataire, ni aux hypothèques et autres charges réelles qu'il aura pu imposer sur l'objet de la donation, pourvu que le tout soit antérieur à l'inscription qui aurait été faite de l'extrait de la demande en révocation, en marge de la transcription prescrite par l'art. 939 ».

Cette première partie de l'article règle les effets de la révocation, à l'égard des tiers. Ils sont entièrement opposés à ceux qui se produisent en cas de révocation pour inexécution des charges, et, comme nous le verrons, pour survenance d'enfants. La raison en est que ces deux espèces de révocation sont tacitement sous-entendues au contrat de donation, elles sont inhérentes à l'acte, aussi le droit du donataire se résout-il *ex causa necessaria et antiqua*, et comme ce droit du donataire était résoluble, il s'ensuit que celui-ci n'a pu transférer aux tiers que des droits résolubles comme le sien. Tout autre est la révocation pour ingratitude : elle procède *ex causa nova*,

[1] Demol., t. 3, n°s 693-694. — Bayle-Mouillard, sur Grenier, t. 2, n° 215, note *a*.

comme dit Pothier [1], car l'ingratitude du donataire n'a pu entrer dans les prévisions du donateur. De plus cette ingratitude est volontaire de la part du donataire, la révocation est pénale pour lui, et les tiers ne sont pas en faute d'avoir traité avec lui : pour toutes ces raisons, la loi a dû respecter les aliénations et les charges réelles créées par le donataire sur les biens donnés. L'article 958 ne distingue pas si les aliénations ou charges sont à titre onéreux ou gratuit, si elles ont conféré un droit de propriété, d'hypothèque, ou tout autre droit réel. Toutes ces acquisitions sont maintenues pour les tiers, pourvu, toutefois, qu'elles soient antérieurs à la date de l'inscription de la demande en révocation sur le registre du conservateur des hypothèques, en marge de la transcription prescrite par l'art. 939. A partir de cette époque, en effet, les tiers ont pu connaître l'intention, qu'avait le donateur, de reprendre les biens qui faisaient l'objet de la donation. Le donateur devra respecter les baux, comme les autres droits réels, quelle que soit d'ailleurs l'opinion que l'on adopte sur la nature du droit conféré par le bail. Si l'on admet que ce droit est réel, l'art. 958 est applicable ; si l'on estime qu'il est personnel, on doit décider de même, par analogie des art. 595 et 1743.

Le système de l'art. 958 ne s'applique qu'aux immeubles, que décider pour les donations de meubles ou de créances ? Dans le premier cas, si le meuble, objet de la donation a été vendu mais non livré, le donateur pourra le revendiquer entre les mains du donataire, si, toutefois, la vente a eu lieu postérieurement à sa demande en révocation. Mais s'il y a eu tradition, il ne pourra pas le suivre entre les mains de l'acheteur de bonne foi, qui se trouverait protégé par l'art. 2279.

[1] Pothier, *loc. cit.*, sect. 3, art. 3, § 4, nos 200 et 201.

S'il s'agit d'une créance, nous pensons que le donateur devra notifier au débiteur sa demande en révocation, et que l'acquisition de cette créance par un tiers serait valable, si elle était antérieure à cette notification. La révocation, une fois prononcée, faisant, en effet, rentrer la créance dans les biens du donateur, à compter du jour de la demande, il s'opère dans ce cas, une sorte de transport. Or un transport de créance ne peut être opposé aux tiers, si notification n'en n'a pas été faite au débiteur Si la donation d'immeubles n'avait pas été transcrite, le donataire sera-t-il tenu néanmoins de faire inscrire sa demande en révocation ? Evidemment, car l'art. 941 ne lui permet pas d'opposer aux tiers le défaut de transcription. Il pourra, s'il consent à faire l'avance des frais, demander la transcription, et faire inscrire ensuite, en marge, sa demande en révocation. Dans la pratique même, on se borne à faire inscrire cette demande dans le corps du registre des transcriptions.

En ce qui touche le donataire, l'art. 958 *in fine* s'exprime ainsi : « Dans le cas de révocation, le donataire sera condamné à restituer la valeur des objets aliénés, eu égard au temps de la demande, et les fruits, à compter du jour de cette demande ». L'ancien droit avait élevé une controverse sur ce point, en argumentant de la loi 7 au Code de *revocandis donationibus*. Cette loi contient ce texte : « Quiquid igitur is qui a matre impietatis arguitur, ex titulo donationis tenet, matri cogitur reddere ». Pothier (1), Ricard (2) pensaient que le donataire ne devait rien rendre, quand il avait aliéné les objets donnés. Toutefois, Ricard distinguait entre les aliénations et les constitutions d'hypothèques. Pour

(1) Pothier, *Donat.*, tit. 3, sect. 3, art. 3, § 4, n° 202.
(2) Ricard, part. 3, *Donat.*, n°s 716, 917.

celles-ci, il partageait l'opinion de Dumoulin [1], qui voulait que le donataire ne pût rien retenir. Le Code a consacré l'opinion de Dumoulin, il ne respecte que les droits acquis aux tiers, tout ce que le donataire a conservé de la donation, il doit le restituer, autrement la demande en révocation n'eût pas atteint le but pénal, principal caractère que la loi a voulu lui imprimer. Le donataire doit restituer la valeur des objets au temps de la demande, d'où il suit que si les objets donnés, aliénés ou non, périssent fortuitement avant cette demande, le donataire est libéré (art. 855 et 860), les améliorations ou détériorations fortuites sont à l'avantage ou au préjudice du donataire. Si elles proviennent de son fait, il y aura lieu à règlement de compte (art. 861-864). Le donataire devra également indemniser le donateur des hypothèques, et autres charges créées par lui sur l'immeuble.

Quant aux fruits, ils sont dûs du jour de la demande, car la donation a subsisté jusqu'à ce jour, et le donataire a pu espérer son pardon. L'héritier indigne n'est pas si favorablement traité (art. 729).

Résumons les caractères de la révocation pour ingratitude, nous ferons ainsi ressortir les différences qui la distinguent de la révocation pour inexécution des charges :

1° Elle n'anéantit la donation que pour l'avenir (art. 958).

2° Elle dure un an (art. 957).

3° Elle ne peut pas être intentée par le donateur contre les héritiers du donataire (art. 957).

4° Elle est pénale pour le donataire, et partant personnelle au donateur, sauf transmission à ses héritiers ; l'art. 1166 n'est pas applicable.

[1] Dumoulin, *Sur la cout. de Paris*, § 33, gloss. 1, n° 57.

« Les donations en faveur de mariage ne sont pas révocables pour cause d'ingratitude » (art. 959).

Une question célèbre s'est élevée sur cet article, et a donné lieu à plusieurs systèmes, tant en doctrine qu'en jurisprudence. Trois opinions sont en présence. M. Demolombe a essayé d'en établir une quatrième. Nous nous contenterons, vu l'étendue de cette controverse, d'indiquer les systèmes qui ont été soutenus, en insistant sur celui que nous adoptons.

On se demande si, par donations en faveur de mariage, le Code a entendu parler des donations faites par un conjoint à l'autre, si ces donations sont ou non révocables pour ingratitude. — L'art. 299 qui fait perdre à l'époux, contre lequel le divorce a été prononcé, les avantages qu'il avait reçus de son époux, est-il applicable ou non à la séparation de corps ? Question aussi très-conversée, et qui se rattache intimement à la précédente.

Une première opinion enseigne que les donations entre époux ne sont ni révoquées par la séparation de corps (art. 299), ni révocables en vertu de l'art. 955, pour cause d'ingratitude, et partant qu'elles sont comprises dans l'art. 959. Cette première opinion a été celle de la Cour de cassation pendant de longues années, plusieurs auteurs la partagent également [1].

La seconde opinion n'admet pas la révocation de l'article 299, et admet la révocabilité de l'art. 955 [2].

La troisième adopte la révocation de plein droit, et ne s'occupe pas de la révocabilité [3]. C'est ce système

(1) Grenier, t. 2, p. 404. — Duranton, t. 2, n° 629. — Bayle-Mouillard, sur Grenier, t. 1, n° 220.

(2) Zachariæ, Aubry et Rau, t. 4, p. 179-181.

(3) Dalloz, *Répert.*, t. XI, sép. de corps, ch. 11, sect. 4. — Marcadé, *Sur l'art. 959*, n° 717. — Troplong, *Donat.*, t. 3, n° 1348 et suiv.

que la Cour suprême a admis, par arrêt du 23 juin 1845, contrairement aux conclusions du procureur général Dupin, renonçant ainsi à son ancienne jurisprudence ; il est enseigné également par de nombreux jurisconsultes.

Enfin M. Demolombe estime que l'art. 299 est applicable à la séparation de corps, et que l'art. 955 est aussi applicable aux donations entre époux ([1]).

La seconde opinion est certainement la meilleure en pratique, mais on ne peut l'admettre, car il s'agit non de faire la loi, mais de l'interpréter, et c'est pour cela que le système de la Cour de cassation nous paraît le plus juridique, en admettant, avec M. Demolombe, que dans certains cas, l'art. 955 est applicable, et qu'il n'est pas superflu de discuter la question de l'art 959.

La séparation prononcée pour ingratitude entraîne virtuellement la révocation (art. 299) ; les héritiers trouvent donc celle-ci dans la succession de leur auteur, ils s'en emparent comme d'un droit acquis. Quant à l'époux demandeur, il faut qu'il soit armé d'un jugement de séparation, parce que la réconciliation fait supposer le pardon, et s'oppose à la révocation pour ingratitude. Mais si cet époux est mort sans avoir connu le fait d'ingratitude ou peu de temps après l'avoir connu, alors les héritiers (art. 957 *in fine*) peuvent intenter l'action, bien qu'il n'y ait pas jugement de séparation. C'est ainsi qu'il importe, même dans notre système, de discuter la question de l'art. 959, qui est surtout intéressante, dans les deux premières opinions indiquées ci-dessus, parce qu'elles rejettent la révocation par séparation de corps.

Nous estimons que l'article 959 ne s'applique pas aux donations entre époux, qui sont conséquemment révoca-

([1]) DEMOL., *Du mar. et de la sép. de corps*, t. 2, nos 526 à 528.

bles pour ingratitude. En voici succinctement les motifs :

L'ancien droit ne considérait pas les donations entre époux comme des donations en faveur de mariage et admettait qu'elles étaient révocables pour ingratitude [1]. Il y avait controverse au sujet des donations faites par des tiers en faveur de mariage. Ricard [2], Pothier [3], Furgolle [4] n'admettaient aucune espèce d'exception à la révocabilité pour cause d'ingratitude. La jurisprudence et certains auteurs exceptaient les donations faites en faveur de mariage. Le Code a tranché la controverse, et les travaux préparatoires prouvent jusqu'à l'évidence que l'ingratitude a été prise en considération pour les donations entre époux. M. Treilhard, à propos des articles 299 et 300, disait que leur fondement était dans l'ingratitude de l'époux donataire, et le même projet qu'il présentait contenait l'article 959 dans sa teneur actuelle [5]. Ce dernier avait donc, sous peine de contradiction, le même sens que dans l'ancien droit et ne comprenait pas, dans la pensée des rédacteurs, les donations entre époux. Les motifs de cette exception sont d'ailleurs fondés en morale et en raison. Les donations faites en faveur de mariage par des tiers ne doivent pas être révoquées, car, pour la faute du donataire, l'époux innocent, les enfants issus du mariage seraient injustement victimes. Les donations entre époux, au contraire, doivent être révoquées comme les autres et même de préférence, car, par sa qualité d'époux, l'ingrat est plus coupable, et la révocation ne frappe que lui, puisque son effet se borne à faire

[1] Cout. d'Anjou (art. 314), de Touraine (art. 336), de Bretagne (art. 455).

[2] Ricard, part. 3, nos 681-683.

[3] Pothier, *Donat*, sect. 3, art. 3, § 3, n° 197.

[4] Furgole, *Testam.*, ch. XI, sect. 1, n° 106.

[5] Fenet, t. II, p. 285, et t. IX, p. 488.

rentrer les biens donnés dans le patrimoine de l'autre époux; l'intérêt des enfants est sauvegardé, puisqu'ils retrouveront les biens dans la succession de leur père ou de leur mère. — A ces motifs, on objecte la généralité des termes de l'article 959; nous avons répondu par avance à cette objection par le droit antérieur et les travaux préparatoires, — les articles 1088 et 960, — mais l'article 1088 ne parle que des donations faites par des tiers, puisqu'il est placé au chapitre VIII, ce n'est que le suivant qui s'occupe des donations entre époux. Quant à l'article 960, il n'est que la reproduction de l'article 39 de l'ordonnance de 1731; il faut plutôt s'attacher à son esprit qu'à sa lettre : la règle est faite pour toutes donations émanant de personnes sans enfants, mais seulement pour celles-là; conséquemment, elle ne s'applique pas à celles que les ascendants font à leurs descendants; elle est faite pour toutes donations, même celles en faveur de mariage, mais non pour celles qui sont faites dans le contrat par un époux à un autre.

Les donations entre époux seront donc révocables pour ingratitude, conformément à l'article 955.

SECTION III

Révocation pour cause de survenance d'enfants.

L'origine des dispositions du Code sur cette matière se trouve dans la loi *Si unquam*, qui est une constitution de l'empereur Constance, de 355 [1]. La révocation pour survenance d'enfants n'avait été admise par cette loi que pour les donations faites par un patron à son affranchi;

[1] L. 8, Code *De revocandis donationibus*.

appliquée par notre ancien droit français à toutes espèces de donations, elle passa avec ce dernier caractère dans l'ordonnance de 1731, dont le Code a reproduit les articles 39 à 45, à peu près textuellement. C'est donc, sauf quelques légères modifications, l'ancien droit français qui est encore en vigueur sur ce point. Nous n'insisterons pas sur le motif qui a fait admettre cette cause de révocation. Elle est fondée sur cette présomption que le donateur, qui ne connaissait pas encore au moment de la donation le sentiment de la paternité, ne se fût pas aussi facilement dépouillé de ses biens, s'il eût eu des enfants à cette époque, et que ce sentiment, qui a dû naître en lui depuis qu'un enfant lui est survenu, lui a naturellement inspiré le regret d'avoir diminué son patrimoine. La loi, se faisant donc l'interprète de ce sentiment et de ce regret, a décidé que la survenance d'un enfant au donateur qui a fait une libéralité, quand il était encore sans enfant, aura pour effet de la révoquer. A-t-elle eu raison ? Ne valait-il pas mieux respecter le principe d'irrévocabilité, puisque les droits de l'enfant trouvaient déjà leur garantie dans les règles sur la quotité disponible ? Le donataire n'avait-il pas un droit acquis, et les tiers auxquels il a été créé des droits sur les biens donnés, doivent-ils rester indéfiniment exposés à une action en résolution, qu'ils n'ont aucun moyen d'éviter ? Ces objections furent soutenues dans le Conseil d'Etat par MM. Treilhard, Tronchet et Bigot-Préameneu, et peu s'en fallut que le projet, dont l'article 65 supprimait cette cause de révocation, ne fut admis. L'insistance de Portalis et du consul Cambacérès fit pourtant triompher la doctrine de l'ordonnance, et l'on peut dire, malgré des objections sérieuses, que le principe de révocation pour survenance d'enfants est en soi utile, car, en le consacrant, la loi se conforme à l'équité et aux sentiments naturels, tout en favorisant le mariage, qui est l'élément le plus indispensable de l'ordre public.

Remarquons, avant d'entrer dans les détails de cette cause de révocation, qu'elle est beaucoup plus dans l'intérêt du donateur que de ses enfants, puisqu'il peut disposer de nouveau et à son gré des biens qu'elle a fait rentrer dans son patrimoine. Mais l'intention de la loi est cependant de venir en aide aux enfants nés depuis la donation ; elle ne pouvait rien faire de plus que ce qu'elle a fait, et en restituant les biens au donateur, elle espère qu'il en fera profiter ses enfants, parce qu'il est naturel qu'il les préfère à des étrangers [1].

« Toutes donations, dit l'article 960, faites par personnes qui n'avaient point d'enfants ou de descendants actuellement vivants dans le temps de la donation, demeureront révoquées de plein droit par la survenance d'un enfant légitime du donateur, même d'un posthume, ou par la légitimation d'un enfant naturel par mariage subséquent, s'il est né depuis la donation. » « Art. 961 : Cette révocation aura lieu encore que l'enfant du donateur ou de la donatrice fût conçu au temps de la donation. »

Chaque terme de ces articles est en quelque sorte la solution d'une difficulté pratique, antérieure à l'ordonnance. Deux conditions sont exigées par l'article 960 : 1° que le donateur n'ait pas d'enfants ni de descendants lors de la donation, 2° qu'il lui survienne un enfant depuis la donation. Ces deux conditions étant réunies, la donation est révoquée.

Il faut d'abord que le donateur n'ait pas d'enfants, ni de descendants lors de la donation. Peu importe qu'il en ait eu auparavant, s'ils sont décédés, la loi présumant moins la tendresse du père que la probabilité qu'il n'au-

[1] POTHIER, *Donat.*, sect. 3, art. 2, § 1, n° 156.

rait pas donné, s'il avait eu des enfants. Un seul enfant existant lors de la donation empêche la révocation, bien que l'article 960 emploie le pluriel, car, comme le disait Pothier (1) : « il suffit dans le langage vulgaire de parler qu'une personne ait un enfant, pour qu'on ne puisse dire qu'elle n'a pas d'enfants. » La loi romaine l'interprétait ainsi : « Non est sine liberis, cui unus filius unave filia est : hæc enim enunciatio habet liberos, non habet liberos, semper plurativo numero profertur » (2). Ce texte montre également que peu importe le sexe de l'enfant du donateur, et quoique l'ancien droit ait fait à cet égard des distinctions (3), il ne faut pas s'y attacher, surtout sous le Code qui a aboli toute différence de sexe, de primogéniture, d'origine, etc. Peu importe aussi le degré de l'enfant, qu'il soit fils ou petit-fils du donateur (4), l'article 960 est formel ; il ne suffit pas, toutefois, qu'il soit seulement conçu au temps de la donation (art. 961). Avant l'ordonnance de 1731, ce point était bien controversé ; l'article 40 vint le fixer dans le sens de la loi *si unquam*, qui supposait évidemment, par les mots *filios non habens*, des enfants vivants et non simplement conçus. Le motif de cette disposition est que, lorsqu'au moment de la donation, l'enfant est simplement conçu, le donateur, en supposant même qu'il connaisse le fait de la conception, ne ressent pas encore l'affection qu'il aura pour son enfant à sa naissance, et comme *non agitur de commodis ejus*, on ne pouvait pas invoquer la maxime : *Infans conceptus pro nato habetur*. Il faut, du reste, que cet enfant naisse viable, autrement il serait censé n'avoir

(1) POTHIER, *Donat.*, sect. 3, art. 2, p. 2, n° 157.

(2) L. 148, D., *De verb. signif.*

(3) RICARD, part. 3, n° 598, ch. 5, sect. 3.

(4) POTHIER, *Donat.*, sect. 3, tit. 3, art. 2, § 2, n°s 158 et 163.

jamais existé. La présence d'un enfant légitimé au temps de la donation empêche la révocation, *legitimatus non differt a legitimo,* car le Code assimile entièrement l'enfant légitime à l'enfant légitimé. (Art. 333 C. civ.) Mais c'est une question controversée que celle de savoir si la présence d'un enfant naturel reconnu au temps de la donation fait obstacle à la révocation, au cas où il survient après la donation un enfant légitime au donateur.

Si nous nous attachions rigoureusement à la lettre de l'article 960, ainsi qu'à l'ordonnance de 1731, nous pourrions penser, avec la majorité des auteurs, que la présence d'un enfant naturel reconnu n'empêche pas la révocation. Mais si l'on examine l'esprit de la loi, les principes du droit moderne, on doit, à notre avis, adopter l'opinion contraire, qui est notamment celle de Troplong (1), Dalloz (2), etc. En effet, l'article 960 ne distingue pas entre les enfants légitimes et les enfants naturels, pour considérer la position du père qui n'a pas d'enfants, ou de descendants vivants à l'époque de la donation, et ce qui est remarquable, c'est que le même article, voulant que l'enfant légitime ou naturel légitimé révoquent seuls la donation par leur survenance, prend soin de le dire ; cette antithèse indique bien l'esprit de la loi, qui se justifie d'ailleurs par les principes du Code, bien différents de ceux de l'ancien droit à l'égard des enfants naturels. Tandis que l'ancien droit, en effet, avait flétri ceux-ci, les avait négligés et considérés comme n'ayant aucun droit, notre législation les a réhabilités dans une certaine mesure, et leur a donné des droits de famille, des droits de succession. En cela, elle a tenu compte des sentiments naturels, car le père qui a reconnu son enfant naturel

(1) Troplong, *Donat.*, tit. 2, n° 1381.
(2) Dalloz, *Rép.*, v. donat, n° 1898.

prouve ainsi l'affection qu'il a pour lui, on ne peut pas dire qu'en faisant la donation, *non cogitavit de liberis*, motif qui est le guide du législateur dans les articles 960 et suivants. Nous concluons de ce qui précède que, si au lieu d'être faite à un étranger, ce que nous avons supposé, la donation a été faite à l'enfant naturel lui-même, elle ne sera pas révoquée par la survenance d'un enfant légitime. Il en était autrement dans l'ancien droit, car le bâtard étant considéré comme un étranger, peu importait que ce fût à lui ou à un tiers que la donation ait été faite, la survenance d'un enfant légitime la révoquait toujours. L'article 908 sera d'ailleurs une protection pour les enfants légitimes contre les libéralités exagérées que le père pourrait faire à son enfant naturel.

Quant à l'enfant adoptif, sa présence au moment de la donation rendra-t-elle celle-ci irrévocable? Nous ne le pensons pas, car le lien qui unit l'adoptant à l'adopté, est un lien fictif, un lien de droit, et non un lien de nature, un lien du sang. L'adopté reste d'ailleurs dans sa famille naturelle (art. 348), et l'on ne peut pas dire que le donateur *cogitavit de liberis*, car jamais la fiction ne remplace la réalité, et le donateur a adopté précisément parce qu'il n'avait pas d'enfants; or, cette consolation légale est loin de donner au père la même sollicitude pour l'adopté que pour l'enfant légitime. Qu'on lise d'ailleurs l'art. 960 dans son ensemble, on verra que la loi ne parle que des enfants légitimes, légitimés ou naturels reconnus, mais non des enfants adoptifs. Jamais, dans la terminologie de la loi, la qualification d'enfant seule ne signifie un enfant adoptif; on ne trouve aucun texte qui prouve cette acception générale. Peu importe donc que la donation ait été faite à un étranger ou à l'enfant adoptif lui-même, car le sentiment d'affection qui a poussé le donateur à lui faire une libéralité, n'est pas comparable à l'affection paternelle dont la puissance ne dérive que du lien du sang, et que le donateur ignorait au moment de la donation ([1]).

La donation est-elle irrévocable, quand au moment où elle a été faite, il existe un enfant né d'un mariage putatif? Oui, car si c'est l'époux de bonne foi qui est le donateur, la question ne peut faire doute; si, au contraire, c'est l'époux de mauvaise foi, il faut décider de même : en effet, le mariage putatif produit des effets civils à l'égard des enfants comme de l'époux de bonne foi (articles 201-202), et ces enfants peuvent invoquer leur légitimité à l'encontre du donateur qui, lui, ne peut soutenir que le mariage était nul, car c'est contre lui que la nullité a été prononcée, et sa mauvaise foi ne saurait être une raison de faveur.

Si le donateur ignore la mort de son enfant, la donation qu'il fait est-elle irrévocable? L'esprit de la loi ferait incliner à l'affirmative, mais la lettre est si précise, qu'il est difficile de la soutenir.

Enfin, l'enfant absent doit-il être compté comme existant, fait-il obstacle à la révocabilité ?

Dans l'ancien droit, on considérait si l'absence était récente ou ancienne; au premier cas, l'enfant était réputé vivant; au second, il était réputé mort : « Si, dit Pothier ([2]), l'enfant qui existait lors de la donation était absent de longue absence, et qu'on le crût perdu, la donation sera révocable pour survenance d'enfants ; car par rapport aux motifs sur lesquels la loi est fondée, il est égal de n'avoir pas d'enfants, ou d'en avoir sans le

([1]) Demol., *Donat*, t. 3, n°s 733-734. — Mourlon, *Rép. écr.*, t. 2, n° 763. — Bayle-Mouillard, sur Grenier, t. 2, note *c*, p. 144. — En sens contraire. — Marcadé, t. 3, n° 727.

([2]) Pothier, *Donat.*, sect. 3, art. 2, § 2, n° 161.

savoir ». Pourquoi ne suivrait-on pas cette appréciation, en la modelant sur l'esprit du Code, au titre de l'absence? C'est ce qu'ont fait la plupart des auteurs, sauf Vazeille [1] et Grenier [2], qui considèrent à toute époque l'enfant absent comme décédé, et Toullier [3], qui le considère comme vivant. Ces deux opinions exclusives sont à rejeter, mais la difficulté est seulement de savoir si c'est la déclaration d'absence ou l'envoi en possession définitif qui doivent marquer la séparation entre les deux époques de présomptions, présomptions de vie d'abord, présomptions de mort ensuite. Nous estimons avec M. Demolombe [4] que, jusqu'à l'envoi en possession définitif, l'absent est réputé vivant, car, pendant cette période, la loi cherche à sauvegarder le plus sûrement possible ses intérêts par les mesures et les précautions multipliées qu'elle organise aux articles 126, 127 et 128. Ce n'est, en effet, qu'à partir de l'envoi en possession définitif que les héritiers entrent véritablement en jouissance complète des biens, et que les cautions sont déchargées. (Art. 129.) « La donation, ajoute Pothier, sera révoquée par la survenance d'un second enfant, soit par le retour de l'enfant absent. » Si nous ne consultions que l'esprit de la loi, nous dirions avec Mourlon [5] que cette doctrine doit encore être suivie, mais nous estimons, comme plus haut, dans un cas analogue, que la lettre de la loi est trop formelle. Elle exige que le donateur n'ait pas d'enfants actuellement vivants dans le temps de la donation ; or, le retour de l'absent prouve précisément son existence; la donation

(1) Vazeille, *Syr l'art. 960*, n° 6.

(2) Grenier, t. 2, n° 183.

(3) Toullier, t. 5, n° 299.

(4) Demol., *Donat.*, t. 3, n° 739.

(5) Mourlon, *Rép, écr*, t. 2, n° 761.

a donc toujours été irrévocable. Réciproquement, si avant l'envoi en possession définitif, on apprend le décès de l'absent arrivé avant la donation, cette donation aura été révocable, et sera révoquée, s'il survient un enfant au donateur.

La lettre de l'art. 960 nous porte encore à penser qu'un enfant indigne au moment de la donation, la rend irrévocable. Il en serait autrement, croyons-nous, pour l'enfant mort civilement, car le Code assimilait autant que possible la mort civile à la mort naturelle. Cette question ne pourrait avoir d'intérêt que pour les donations faites avant la loi du 31 mai 1854; l'esprit comme le texte de l'art. 960 sont ici d'accord (1).

Nous avons étudié jusqu'alors la première condition de la révocation, qui est l'absence d'enfants ou de descendants à l'époque de la donation. Examinons maintenant comment s'accomplit la condition résolutoire de la survenance d'enfant. Nous aurons à résoudre sur ce point les mêmes questions que celles qui précèdent, mais les arguments déjà cités nous permettront de le faire brièvement.

La donation est révoquée tout d'abord par la survenance d'un enfant légitime au donateur, même d'un posthume. Par enfant, nous devons entendre fils ou petit-fils, fils du donateur ou fils posthume né d'un fils décédé à l'époque de la donation. Cet enfant doit être né viable et légitime. Sans pouvoir intenter l'action en désaveu, qui est réservée au mari (art. 316-317), le donataire pourra prouver, par tous modes de preuves, que les parents de l'enfant ne sont pas ceux qu'on lui attribue, ce qui s'appelle la contestation d'état. Peu importerait que l'enfant

(1) Pothier, *Donat.*, sect. 3, art. 3, § 2. — Troplong, *Donat.*, t. 2, n° 1739. — Marcadé, t. 3, n° 725.

survenu depuis fût conçu à l'époque de la donation; celle-ci sera révoquée, aux termes de l'art. 961. — La légitimation d'un enfant naturel, né depuis la donation, entraîne la révocation, comme la naissance d'un enfant légitime, puisque la légitimation produit les mêmes effets que la légitimité. En exigeant qu'il soit né depuis la donation, l'art. 960 a mis fin à une controverse de l'ancien droit. Ricard ([1]) et bon nombre de jurisconsultes dont l'opinion fut consacrée par l'ordonnance de 1731 (art. 39) ne distinguaient pas si l'enfant naturel était né avant ou après la donation; sa légitimation par mariage subséquent révoquait la donation; le rescrit du Prince, forme qui n'existe plus sous le Code, ne produisait pas cet effet. Dumoulin ([2]) soutenait très-sagement que l'enfant naturel légitimé après, mais né avant la donation, ne devait pas être plus favorablement traité que l'enfant légitime, qui ne révoque la donation qu'autant qu'il naît postérieurement : « Ne legitimatus sit melioris conditionis quam legitime natus, et plus habeat luxuria quam castitas ». L'art. 960 a consacré le sentiment de Dumoulin, enlevant ainsi au donateur, comme le dit M. Demolombe ([3]), le moyen de légitimer son enfant, non par affection ni par devoir, mais pour servir son propre intérêt, et en haine du donataire. On a considéré enfin que le lien du sang, plutôt que la légitimation, est la source de l'affection, et que la donation a été faite en pleine connaissance de cause, quand l'enfant était né auparavant.

Revenons aux hypothèses que nous avons déjà examinées plus haut, et demandons nous si la survenance d'un

([1]) Ricard, part. 3, ch. 5, n° 579.

([2]) Dumoulin, *de Donat. in contr. matr. fact.*, n° 83. — Pothier, *Donat.*, sect. 3, art. 2, § 3, n° 162.

([3]) Demol., *loc. cit.*, n° 748.

enfant adoptif, d'un enfant né d'un mariage putatif révoquera la donation.

En ce qui touche l'enfant adoptif, la négative doit être admise par les motifs déjà cités, autrement la révocation serait arbitraire pour le donateur, qui ne peut avoir d'ailleurs, comme nous le disions, les mêmes sentiments que vis-à-vis d'un enfant légitime. Si l'on objecte que l'adopté a des droits de succession comme ce dernier, on répond que la révocation n'a rien de commun avec l'ordre successoral, et qu'elle est autant dans l'intérêt du donateur que de ses enfants.

A plus forte raison déciderons-nous que la reconnaissance d'un enfant naturel, à quelque époque qu'il soit né, ne révoquera pas la donation. L'art. 960 n'attache cet effet expressément qu'à sa légitimation, et s'il est né depuis la donation.

La survenance d'un enfant issu d'un mariage putatif révoquera la donation, si elle a été faite par l'époux de bonne foi (art. 201-202), mais si elle émane de celui qui était de mauvaise foi, que décider ? Nous estimons que dans ce cas, la donation ne sera pas révoquée, car la révocation ne prend pas naissance dans les enfants, dans leur intérêt unique, mais dans la personne du donateur et aussi dans son intérêt. (Art. 964.) Or, ce dernier pourra-t-il soutenir qu'il lui est né un enfant légitime, alors que le mariage a été déclaré nul à son égard, et n'a produit aucun effet? Evidemment non : « Nemo ex delicto actionem consequi potest » ; c'était du reste l'opinion de l'ancien droit ([1]).

Nous avons dit plus haut qu'avant la loi de 1854, l'enfant mort civilement au moment de la donation, n'empêchait pas la révocabilité, et nous avons motivé notre

([1]) Pothier, *Introd. au tit. 15 de la cout. d'Orléans*, n° 104.

sentiment. La logique nous conduit à décider que le retour de cet enfant à la vie civile révoquera les donations antérieures, de quelque manière qu'il ait eu lieu, soit par lettres de grâce, réhabilitation, ou par la représentation en justice, dans le délai de l'art. 30 du Code civil ; les tiers n'ont en effet jamais de droits contre une révocation future, que la loi déclare d'ordre public (art. 965) et qu'elle fait dépendre d'événements déterminés [1].

Quelles donations sont révocables pour cause de survenance d'enfants? pour cause d'inexécution des charges? pour cause d'ingratitude? C'est ici, ce nous semble, qu'il convient de réunir et d'examiner les donations auxquelles s'appliqueront nos exceptions à l'irrévocabilité. En groupant les trois causes de révocation, la clarté y gagnera, en même temps qu'il sera facile d'apercevoir les différences.

La révocation pour cause d'inexécution des charges et celle pour ingratitude atteignent toutes espèces de donations ; les art. 953 et 955 parlent, en effet, en termes généraux; une seule exception existe pour la révocation à cause d'ingratitude, c'est celle de l'art. 959 qui en affranchit les donations en faveur de mariage. Sont donc révocables, les donations rémunératoires, sauf à tenir compte au donataire de la valeur des services rendus appréciables en argent [2]; les donations en faveur de mariage, sauf l'exception de l'art. 959; — les donations mutuelles, — les donations déguisées, — les remises de dettes faites *animo donandi*, — les renonciations à une succession, à un legs. Peu importe que la donation soit importante ou modique, si elle ne constitue pas un simple présent.

(1) En sens contraire, TOULLIER, t. 5, n° 299. — DURANTON, t. 8, n°s 578 et suiv.

(2) POTHIER, *Donat.*, sect. 3, art. 3, § 3, n° 197.

En ce qui touche les donations mutuelles, il importe avant tout de rechercher l'intention réelle des parties : si elles ont voulu faire une donation avec charges, le donataire, dans ce cas, est délivré des charges; quand la révocation lui enlève le profit de la donation, il peut même avoir droit à indemnité pour celles qu'il aurait déjà accomplies, ou bien si elles ont eu en vue un échange plutôt qu'une donation, ce qui sera probable au cas où chaque aliénation aura eu pour cause l'acquisition du bien donné en retour, plutôt que l'affection que chaque partie se porte réciproquement.

Ces points sont souvent délicats à élucider; Ricard [1] avait même prétendu que ces donations, que les parties qualifiaient de mutuelles, n'étaient toujours ou qu'un échange ou qu'un contrat aléatoire, qu'elles ne devaient pas être soumises aux règles des donations, ni aux causes de révocation, sauf le cas où il y avait du côté du défendeur en révocation un excédant, et seulement jusqu'à concurrence de cet excédant. C'était évidemment l'arbitraire le plus incertain. L'ordonnance de 1731, art. 39, et l'article 960 du Code, qui n'en est que la reproduction, ont repoussé cette doctrine, ce qui explique la mention spéciale des donations mutuelles dans ledit article. La révocation s'y applique donc, et avec raison, puisque chaque libéralité a sa cause dans l'affection que le donateur porte au donataire, ce qui exclut toute idée de contrat à titre onéreux *do ut des*. — Mais la révocation de l'une des deux donations doit-elle entraîner la révocation de l'autre ?

Une première opinion, qui était celle de Ricard [2],

[1] Ricard, *Donat.*, part. 3, ch. 5, n° 617. — *Du don mutuel*, n°s 5 et 20.

[2] Ricard, *Don mutuel*, n° 17, — ch. 5, sect. 5, n° 213.

soutient la négative, pour le cas d'inexécution des conditions, d'ingratitude et de survenance d'enfants.

Furgole combattait ce sentiment, et soutenait à l'inverse que la révocation de l'une des donations entraînait celle de l'autre, dans les trois cas de révocation [1].

Nous suivrons une troisième opinion, qui était celle de Pothier, et que M. Demolombe a enseignée. Elle distingue entre la révocation pour survenance d'enfants, d'une part, et les deux autres causes de révocation, d'autre part. Au premier cas, l'autre donation doit être révoquée ; — au second, elle doit être maintenue.

Pothier [2] disait, au sujet de la révocation pour survenance d'enfants, « que celui auquel il n'est pas survenu d'enfants, ayant donné en considération de la donation qui lui était faite, cette donation étant révoquée, la cause pour laquelle il avait donné cesse, et il y a lieu à la *condictio causa data, causa non secuta* ». Cette cause de révocation est d'ailleurs indépendante du fait des parties, et les causes d'annulation originaires qui affectent l'une des deux donations affectent pareillement l'autre.

Mais il n'en est pas de même pour les deux autres causes de révocation, l'inexécution des charges et l'ingratitude du donataire. Si en effet le donataire ingrat pouvait lui-même réclamer ce qu'il a donné, il ne subirait aucune peine, retrouvant d'un côté ce qu'il perd de l'autre. Les art. 299 et 300 fournissent d'ailleurs un puissant argument d'analogie, puisque : « l'époux qui a obtenu le divorce conservera les avantages à lui faits par l'autre époux, encore qu'ils aient été stipulés réciproques et que la réciprocité n'ait pas lieu. (Art. 300.) » C'est

(1) FURGOLE, *Des testam*, ch. XI, sect. 1, n° 105. — COIN-DELISLE, art. 953, n° 105.

(2) POTHIER, *Donat.*, sect. 3, art. 2, § 1, n° 148.

bien là un cas de donation mutuelle et de révocation pour ingratitude ; nous voyons que l'ingrat ne peut répéter ce qu'il a donné. S'il en est ainsi de la révocation pour ingratitude, il faut décider de même pour le cas d'inexécution des charges qui est aussi un fait personnel au donataire, et qui était confondu, dans l'ancien droit, au point de vue des règles, avec la révocation pour ingratitude (1).

Les donations déguisées, avons-nous dit, sont aussi sujettes aux causes de révocation. En affirmant cette proposition, nous supposons résolue dans le sens de l'affirmative une question très-vivement controversée, celle de savoir si les donations déguisées sous la forme d'un contrat à titre onéreux sont valables (2).

On ne pourra donc pas tout d'abord opposer au donateur qui demande la révocation, qu'il y a renoncé d'avance, en employant les formes du contrat à titre onéreux pour déguiser sa libéralité, car il n'y a pas fraude, puisqu'il pouvait le faire, et d'un autre côté, il ne pouvait renoncer expressément, aux termes de l'art. 965, et *a fortiori*, tacitement à la révocation. Ce point est donc hors de discussion ; ne l'est pas, au contraire, celui de savoir si la révocation de la donation déguisée aura effet contre les tiers acquéreurs de bonne foi. La même question se pose en matière de réduction, dans le cas de l'art. 629, si la donation réductible a été faite sous l'apparence d'un contrat à titre onéreux.

Trois systèmes ont été produits : suivant la jurispru-

(1) Demol., t. 3, n° 589. — Grenier, t. 2, nos 187 et 187 *bis*, après avoir suivi l'opinion contraire, adopte celle de Pothier. — Troplong, t. 3, n° 1392 à 1396. — Pothier, *Donat.*, t. 3, sect. 3, art. 3, § 3, n° 197.

(2) En sens contraire, Demol., t. 3, nos 98 et suiv. — Mourlon, *Rép. écr.*, t. 2, n° 681.

dence et quelques auteurs, la révocation ne pourrait produire aucun effet contre les tiers de bonne foi, par ce motif que les héritiers sont responsables de la fraude commise par leur auteur, et que tenus de garantir les tiers, ils ne peuvent les évincer; que d'ailleurs ceux-ci n'ont pu prévoir, comme au cas d'une donation régulière, l'éviction possible par la survenance d'un enfant au donateur [1].

Une seconde opinion opposée à celle-ci a été soutenue par M. Troplong [2] et Marcadé [3], qui pensent que les droits des tiers doivent être résolus, parce que l'art. 963 ne fait, non plus que les art. 929 et 930, aucune distinction entre les donations simulées et les donations ouvertes. Il n'est pas d'ailleurs possible de laisser au donateur le moyen de rendre illusoire son droit de demander la révocation, en déguisant la donation sous la forme d'un contrat à titre onéreux, droit qui est inaliénable, aux termes de l'art. 965. Les enfants du donateur ne sont pas moins tiers que les personnes les plus étrangères, car le droit de révocation et de réduction, ils le tiennent de la loi, qui leur permet de le faire respecter, quelque tortueux que soient les moyens dont a été enveloppé le préjudice qu'ils ont souffert. Comme les tiers, les enfants *certant de damno vitando*, car ils agissent pour la réparation d'un dommage, d'une diminution de patrimoine, que leur auteur ne leur eût pas sans doute infligée, s'ils eussent existé à l'époque de la donation, et qu'en tout cas, l'art. 960 leur permet d'éviter par l'action en révocation.

Ce système est celui que nous adoptons, et nous ne

(1) Arrêt de cassation du 14 décembre 1826, DEVILLENEUVE, t. 8, série 1, p. 486.

(2) TROPLONG, t. 2, n° 1025.

(3) MARCADÉ, t. 3, n° 624, *sur l'art. 930*.

pouvons admettre avec M. Demolombe [1] qu'il faut distinguer suivant l'intention qu'a eue le donateur, en employant la forme d'un contrat à titre onéreux ; que s'il a voulu faire une fraude, la résolution n'atteindra pas les tiers, et que dans le cas contraire, elle aura effet contre eux. Cette distinction, qui semble conforme à l'équité, est trop arbitraire ; elle serait la source de difficultés pratiques interminables, et nous paraît inadmissible.

Toutes donations sont donc révocables, aux termes de l'art. 960, de quelque valeur qu'elles puissent être, sauf les simples présents, même celles qui auraient été faites en faveur de mariage par des tiers. Il y avait doute à cet égard dans l'ancien droit, et Ricard disait que les donations en faveur de mariage ont quelque chose d'onéreux, parce que « les conjoints ne se fussent peut-être pas mariés, si ce n'eût été en considération de l'avantage qu'ils avaient reçu » [2]. Dumoulin détermina la jurisprudence en sens contraire, et le Parlement de Paris, par un arrêt de 1551, déclara révoquée, par la survenance d'un enfant au célèbre jurisconsulte, la donation qu'il avait faite par contrat de mariage à Ferri Dumoulin, son frère. « Il n'est fait par là aucun tort aux conjoints, dit Pothier [3], qui, connaissant l'état du donateur, lequel n'avait pas d'enfants, ont dû savoir que la donation qu'il leur faisait, était sujette à la révocation en cas de survenance d'enfants, et sont censés en avoir voulu courir le risque. »

Les donations faites en faveur de mariage ne sont pas toutes révocables ; sont exceptées par l'art. 960, celles qui sont faites par les futurs conjoints l'un à l'autre, et par

(1) Demol., t. 2, *Donat.*, nos 619 et suiv.

(2) Ricard, *Donat.*, part. 3, ch. 5, no 606.

(3) Pothier, *Donat.*, sect. 3, art. 2, no 153, § 1. — Demol., *Donat.*, t. 3, no 767.

l'art. 1096, celles entre époux pendant le mariage. Il est indifférent aux enfants de trouver les biens donnés dans la succession du donateur, ou dans celle du donataire, car l'un et l'autre sont également intéressés à les leur conserver (¹). L'ordonnance de 1731, et le Code, ont consacré le sentiment de Ricard (²) qui était combattu par Dumoulin (³). L'art. 960 est tellement formel, que nous sommes obligé d'admettre, quoiqu'à regret, que la donation entre conjoints ne sera pas révoquée par la survenance d'un enfant né d'un second lit au donateur, après le décès sans enfants du donataire : il serait donc utile de stipuler dans la donation entre conjoints le droit de retour, pour le cas de prédécès du donataire sans enfants. L'art. 1096 n'a pas soumis non plus à la révocation pour survenance d'enfants, les donations entre époux pendant le mariage, puisque ces donations sont révocables au gré du disposant.

Quant à la donation faite en faveur de mariage par un ascendant, qu'était-il besoin de l'excepter ? L'ascendant qui donne à son descendant n'est pas sans enfants au moment de la donation, et ce n'est que l'application de la règle générale de l'irrévocabilité de la donation. L'explication donnée par Pothier (⁴) est insuffisante, surtout en présence des art. 1093 et 960. La loi a voulu écarter un doute qui s'était produit : dans l'espèce, disait-on, la donation étant faite à l'enfant du donateur, le donataire ne doit pas compter comme enfant, car il ne saurait jouer le rôle d'enfant et de donataire ; le donateur qui donne à son enfant doit être réputé n'en avoir pas au

(¹) Pothier, *ibid.*

(²) Ricard, part. 3, ch. 5, n° 589.

(³) Dumoulin, *de Donat. in contr. mat. fact.*, n° 5.

(⁴) Pothier, *Sup. cit.*, n° 153.

moment de la donation; cette donation est donc révocable par la survenance d'un second enfant.

Effets de la révocation pour survenance d'enfants.

Lorsqu'une condition résolutoire s'accomplit en droit commun, les choses sont remises au même état que si aucune convention n'était intervenue entre les parties. (Art. 1183.) La loi, nous le savons, fait de la survenance d'enfants une condition tacite résolutoire de toute donation. C'est pourquoi, quand elle vient à se réaliser, les biens donnés rentrent dans le patrimoine du donateur, libres de toutes charges et hypothèques créées du chef du donataire. (Art. 963.) C'est au profit de la succession du donateur que la révocation s'opère; les enfants de ce dernier auront droit aux biens recouvrés, s'ils survivent à leur père, s'ils acceptent sa succession, et si le donateur n'a pas disposé de nouveau de ces biens, qui, d'ailleurs, forment le gage commun des créanciers, lesquels peuvent agir en son nom contre le donataire. (Art. 1166.) « Les biens donnés, ajoute l'art. 963, ne peuvent pas demeurer affectés, même subsidiairement, à la restitution de la dot de la femme de ce donataire, de ses reprises ou autres conventions matrimoniales, ce qui aura lieu, quand même la donation aurait été faite en faveur du mariage du donataire, et insérée dans le contrat, et que le donateur se serait obligé, comme caution, par la donation, à l'exécution du contrat de mariage. » Telle était la disposition de l'art. 42 de l'ordonnance; c'est la conséquence forcée de l'art. 965 qui déclare nulle toute clause, en général, par laquelle le donateur renoncerait à la révocation pour survenance d'enfants. On pourrait objecter que le cautionnement n'est pas en soi une donation, ni envers le créancier qu'il ne fait que garantir, ni envers le débiteur contre lequel il aura recours. Pothier y a répondu [1] : « La raison en est que le cautionnement du donateur est lui-même une donation qui doit se révoquer par la survenance d'enfants, et que si, au moyen de cette obligation, la femme du donataire conservait quelques droits sur la chose donnée à son mari, ce serait, de la part du donateur, s'interdire indirectement la faculté de révoquer sa donation. » Mais il est bien entendu que, si l'hypothèque ou le cautionnement étaient consentis en faveur de la femme par un tiers, qui n'aurait pas fait de donation au mari, ils ne seraient pas infirmés par la survenance d'enfants : il faut que ce soit la même personne qui ait consenti le principal, qui est la donation, et l'accessoire, qui est le cautionnement, devant garantir le donataire contre les conséquences de la révocation ; peu importe, d'ailleurs, que l'un et l'autre aient été consentis dans l'acte même de donation, ou séparément.

Si le donataire se trouve en possession des biens, lors de la révocation, il les restituera ; s'ils ne lui ont pas encore été livrés, il ne pourra plus les réclamer, et les droits conférés aux tiers sont anéantis dans le passé et dans l'avenir. Il ne pouvait en être de même pour les fruits, quels que soient, d'ailleurs, l'effet de la condition résolutoire et la faveur que la loi attache à la survenance d'enfants. Ces fruits, de quelque nature qu'ils soient, le donataire ne doit les restituer, dit l'art. 962, « que du jour que la naissance de l'enfant ou sa légitimation par mariage subséquent lui aura été notifiée par exploit ou autre acte en bonne forme, et ce, quand même la demande pour rentrer dans les biens donnés n'aurait été formée que postérieurement à cette notification. » Cette notification n'est pas nécessaire pour opérer la révocation, qui

(1) Pothier, *Donat.*, sect. 3, art. 2, § 4, n° 172.

a lieu de plein droit; elle a seulement pour but de constituer en état de mauvaise foi le donataire qui, jusque-là, ignore ou est réputé ignorer la cause de résolution de son droit. Jusqu'à la survenance d'enfants, le donataire a été propriétaire des fruits, qui sont comme une indemnité pour ses frais de culture et d'amélioration; il a donc droit à ceux-là, alors même qu'il n'aurait pas été en possession des choses données. (Art. 586.) Après la naissance de l'enfant du donateur, c'est l'art. 549 qui est applicable, d'où il suit que le donataire n'aura droit qu'aux fruits des biens possédés et aux fruits civils perçus.

La notification doit être faite en bonne forme par un exploit ou un acte sous seing privé, mais la simple connaissance de la naissance serait insuffisante pour constituer le donataire en état de mauvaise foi. Nous admettons, cependant, que certains actes peuvent équipoller à une notification, comme par exemple celui qui nommerait le donataire tuteur de l'enfant dont la naissance opère la révocation; chargé, d'ailleurs, de faire la notification, le tuteur ne pourrait exciper de son défaut.

L'art. 962, en ce qui concerne les fruits, s'appliquera-t-il aux tiers détenteurs? Pothier (1) soutenait que la notification seule ne suffit pas pour les constituer possesseurs de mauvaise foi, et les obliger à restituer les fruits pour l'avenir, qu'une demande en justice est nécessaire. Son sentiment doit être abandonné, car si, du temps de Pothier, la demande en justice seule faisait cesser la bonne foi, il n'en est plus de même sous le Code (article 549), où elle cesse par toute cause.

Pourquoi ne pas leur appliquer comme au donataire l'art. 962, puisque, comme lui, ils sont propriétaires sous

(1) POTHIER, *Intr. au tit. 15 de la cout. d'Orléans*, n° 108.

condition résolutoire, plutôt que des possesseurs de bonne foi. L'art. 966 fournit un argument d'analogie; au reste il sera toujours nécessaire de former une demande en justice, pour faire prononcer l'éviction, demande qui devra être accompagnée, suivant certains auteurs [2], d'une copie de l'acte de naissance de l'enfant et d'une copie de la donation.

La révocation pour cause de survenance d'enfants a lieu de plein droit (art. 960), et tandis que l'inexécution des charges ou l'ingratitude du donataire rendent la donation seulement révocable, celle-là la révoque. Plusieurs conséquences dérivent de ce principe :

1° La révocation pour survenance d'enfants n'est pas facultative.

2° Elle n'est pas judiciaire. Il faudra bien sans doute que le donateur s'adresse à la justice, si le donataire conteste, car tout fait avancé d'une part et contesté de l'autre donne lieu à procès; mais le tribunal ne pourra que vérifier les prétentions du demandeur, et si elles sont fondées sur la loi, reconnaître la révocation et ordonner la restitution des biens donnés.

3° Elle a lieu malgré le donateur. L'art. 965 le dit expressément : « Toute clause ou convention par laquelle le donateur aurait renoncé à la révocation de la donation pour survenance d'enfants sera nulle, et ne pourra produire aucun effet ». Cette sage disposition se justifie d'elle-même, elle est la reproduction de l'art. 44 de l'ordonnance de 1731. Quelques auteurs avaient émis l'opinion, que l'on peut renoncer à un droit introduit en sa faveur, et que l'on peut déroger aux lois d'intérêt privé. Mais Ricard [2] avait déjà combattu cette doctrine

[1] GRENIER, *Donat.*, t. 2, n° 208.

[2] RICARD, part. 3, ch. 5, n°s 570 et suiv. — POTHIER. *Intr. au tit. 15 de la cout. d'Orléans*, n° 108.

avant l'ordonnance, et par les vrais motifs, car la révocation pour survenance d'enfants est un secours que la loi apporte à l'imprévoyance du donateur, secours qui eût été inefficace, si la renonciation eût été autorisée. Tout mode indirect ou partiel de renonciation serait nul, de même que toute cession ou vente de ce droit, car l'esprit de l'art. 965 est d'interdire tout acte qui diminuerait d'avance le droit du donateur.

4° Elle n'est susceptible d'aucune ratification. Les articles 962 et 964 le disent bien formellement :

« Art. 962. — La donation demeurera pareillement révoquée, lors même que le donataire serait entré en possession des biens donnés, et qu'il y aurait été laissé par le donateur depuis la survenance de l'enfant ».

« Art. 964. — Les donations ainsi révoquées ne pourront revivre ou avoir de nouveau leur effet, ni par la mort du donateur, ni par aucun acte confirmatif, et si le donateur veut donner les mêmes biens au donataire, soit avant ou après la mort de l'enfant par la naissance duquel la donation a été révoquée, il ne le pourra faire que par une nouvelle disposition ».

En effet, après l'accomplissement de la condition résolutoire, la donation a été réduite à néant, et on ne confirme pas ce qui n'a pas d'existence : « conditio semel defecta non restauratur. » Ricard [1] avait soutenu cependant que la révocation ne pourrait plus être demandée quand le donataire serait entré ou aurait été maintenu en possession depuis la mort de l'enfant, dont la naissance avait révoqué la donation. L'art. 43 de l'ordonnance tranche la difficulté dans le sens que le Code a également adopté. Et puisque la ratification expresse est impossible, la ratification tacite est conséquemment pro-

[1] Ricard, part. 3, n°s 633, 636, ch. 5, sect. 6.

hibée; aucune circonstance, aucun fait ne la fera supposer, et ne pourra la rendre valable, c'est la solution de l'art. 962. Le donataire ne pourra recouvrer les biens qui lui avaient été donnés, que par une nouvelle donation que le donateur serait d'ailleurs libre de faire au profit d'un tiers.

5° La révocation pour survenance d'enfants est absolue, c'est-à-dire qu'elle peut être invoquée, non seulement par le donateur, mais par toute autre personne intéressée, soit du vivant du donateur par ses créanciers ou autres, soit après son décès, par ses héritiers ou un tiers quelconque ayant intérêt.

6° Elle est imprescriptible.

Hâtons-nous de dire que nous n'entendons pas prétendre que le donateur pourra demander, indéfiniment et d'une manière utile, la révocation de la donation, mais seulement que l'art. 966, dont l'explication terminera cette étude, a dérogé en plusieurs points aux règles de la prescription; voici cet article :

« Le donataire, les héritiers ou ayants cause ou autres détenteurs des choses données ne pourront opposer la prescription, pour faire valoir la donation révoquée par la survenance d'enfants, qu'après une possession de trente années, qui ne pourront commencer à courir que du jour de la naissance du dernier enfant du donateur, même posthume, et ce, sans préjudice des interruptions telles que de droit. »

1° D'après le droit commun (art. 2265 et suiv.), les tiers détenteurs peuvent prescrire par dix ou vingt ans, avec juste titre et bonne foi. L'art. 966 n'admet, pour tous les cas, que la prescription trentenaire.

2° La prescription de l'art. 966 ne court que du jour de la naissance du dernier enfant.

3° Elle ne crée pas un titre nouveau d'acquisition,

mais fait revivre, en la confirmant, la donation que la révocation avait anéantie.

Pourquoi sur le premier point la loi a-t-elle dérogé au droit commun ? Il est difficile de le dire : l'ancien droit était : divisé l'art. 45 de l'ordonnance consacra la doctrine du Parlement de Toulouse, et le Code l'a reproduit, guidé en cela, comme sur les autres points de la matière, par la faveur qu'il attache à cette cause de révocation.

Pothier ([1]) a donné une explication de la seconde dérogation : on ne peut prescrire que du jour qu'il est survenu un enfant au donateur, « car ce n'est que de ce jour que le droit de révoquer la donation est ouvert, et la prescription ne peut pas courir contre un droit, avant qu'il existe et soit ouvert ». Et seulement à partir de la naissance du dernier, « parce que chaque enfant qui survient au donateur, lui donne un nouveau droit de révoquer la donation ; c'est pourquoi, si le droit que lui a donné son premier enfant, est prescrit par le laps de trente années écoulées depuis, il lui reste encore le droit que lui donne la naissance du dernier ». M. Coin-Delisle ([2]) fait observer justement, qu'il n'y a plus de cause de révocation après la révocation une fois opérée par la naissance d'un premier enfant, et si le législateur a voulu établir ici une prescription très-longue, c'est pour que les enfants retrouvassent presque toujours le droit dans la succession de leur père, s'il avait négligé de l'exercer.

Enfin, avons-nous dit, la prescription de l'art. 966 fait revivre, en la confirmant, la donation que la révocation avait anéantie.

Il faut prouver cette affirmation, car les auteurs ne

([1]) Pothier, *Donat.*, sect. 3, art. 2, § 5, n° 173.
([2]) Coin-Delisle, *Sur l'art. 960*, n° 1.

sont pas d'accord sur ce point, et comme l'art. 966 est une loi d'exception en dehors des règles générales, on ne peut guère argumenter que sur le texte de la loi.

Disons d'abord que deux opinions principales sont en présence. On enseigne dans un premier système, qu'il s'agit, dans l'art. 966, d'une prescription ordinaire qui fait acquérir le bien, non pas en vertu d'un titre ancien comme bien donné, mais en vertu d'un titre nouveau, comme bien prescrit ([1]).

Conséquence : il n'y a plus ni donateur, ni donataire, il n'y aura jamais lieu à rapport, réduction, révocation, pour inexécution des charges ou ingratitude.

M. Demolombe ([2]) soutient la doctrine contraire, que la prescription de l'art. 966 est une prescription *sui generis*, une confirmation tacite de la donation. Les conséquences de cette opinion sont diamétralement opposées à celles de la précédente.

Enfin Mourlon ([3]), dont nous suivons le sentiment, apporte un amendement au système de M. Demolombe en disant que la prescription de l'art. 966 fait revivre la donation, non en vertu de l'ancien titre, mais d'un titre nouveau.

Conséquence : le donataire ou ses ayants cause sont dispensés de rapporter la preuve de la donation.

La première opinion a pour elle la logique, car la révocation pour survenance d'enfants ayant révoqué, anéanti de plein droit la donation, il est contradictoire, en apparence, de dire que la prescription peut la valider en la confirmant. Mais celle que nous soutenons respecte le texte de la loi, texte trop précis pour qu'on puisse le né-

([1]) Marcadé, *Sur l'art. 966*, t. 3, n° 748.

([2]) Demolombe, *Donat.*, t. 3, n°s 813 et suiv.

([3]) Mourlon, *Rép. écr.*, t. 2, n° 771.

gliger : « Le prescrivant, dit l'art. 966, pourra faire valoir la donation révoquée. » A l'objection faite par les partisans du premier système, que les art. 962 et 964 vont être en contradiction avec l'art. 966, nous répondrons que la loi a bien pu apporter, de sa propre autorité, une exception aux règles qu'elle avait posées dans les art. 962 et 964, règles exorbitantes du droit commun. D'ailleurs, rien ne se justifie mieux que la disposition de l'art. 966. Les confirmations expresses et tacites ordinaires sont généralement le résultat de l'ignorance, de scrupules, d'obsessions, tandis que le silence du donateur pendant trente ans implique de sa part une confirmation réfléchie, qu'il importe au surplus de respecter, dans l'intérêt de la propriété, sur laquelle il ne faut pas voir planer indéfiniment l'incertitude. M. Demolombe, dont, jusqu'ici, l'opinion marche d'accord avec celle que nous soutenons, critique la fin de notre système : il n'admet pas que la prescription confirme la donation, en la validant, et en dispensant, par conséquent, d'en rapporter la preuve. Mais, alors, son effet est bien diminué, son efficacité bien médiocre. Comment, après trente ans de possession, le donataire, ses ayants cause, les détenteurs des choses données devront rapporter l'acte de donation? Le principal effet de la prescription est, si nous ne nous trompons, de dispenser le prescrivant de toute preuve, et l'on veut qu'au cas de l'art. 966, alors que ce n'est pas la prescription de dix ni de vingt ans, mais la plus longue, celle de trente, le titre primitif de la donation soit rapporté ? Cela nous semble inadmissible. L'objection que tire M. Demolombe des expressions de la loi « faire valoir la donation révoquée » n'est pas du tout péremptoire, car, à notre avis, c'est bien la donation révoquée que la prescription valide et confirme ; la loi ne pouvait donc pas s'exprimer autrement.

M. Demante [1] a soutenu que l'art. 966 n'est pas applicable aux tiers détenteurs, qui ne sont point les ayants cause du donataire, qui détiennent sans titre ou en vertu d'un titre émané d'un tiers, parce qu'ils n'ont pas d'intérêt à faire valoir la donation révoquée, et qu'ils sont soumis aux règles ordinaires de la prescription. Le texte de la loi est trop formel pour admettre cette opinion, d'ailleurs ingénieuse, et que M. Demolombe repousse lui-même, fortifiant, à notre avis, le système de Mourlon, que nous venons de présenter. Sans doute, les tiers détenteurs ne prétendront pas que la donation est le fondement de leur droit, mais, ce qui est bien différent, que la prescription qui la confirme, valide en même temps leur possession.

L'art. 966, *in fine,* ne parle pas des suspensions de prescription, mais il est généralement admis que par interruptions, la loi entend toutes les causes qui empêchent de prescrire. L'esprit de la loi confirme bien cette interprétation, car la révocation pour survenance d'enfants est certainement l'exception au principe d'irrévocabilité, pour laquelle le législateur a édicté les dispositions les plus favorables.

[1] Demante, t. 4, n° 110 à 110 *bis* V.

POSITIONS

DROIT ROMAIN

I. — La donation à cause de mort, faite en vue de d'un tiers, est-elle valable ? — Oui.

II. — La loi Cincia s'appliquait-elle aux donations à cause de mort ? — Non.

III. — Le seul échange des consentements suffisait-il, dans les donations *mortis causa*, par exception aux principes, pour transférer la propriété, indépendamment des modes ordinaires ? — Non.

IV. — L'insinuation a-t-elle été supprimée par Justinien pour les donations *mortis causa* ? — Oui.

V. — La présence de cinq témoins a-t-elle été exigée depuis cet empereur pour toutes les donations à cause de mort ? — Oui.

VI. — La Constitution 35, § 5 (C. 8, 54), qui fait de la donation un pacte légitime, s'applique-t-elle à notre matière ? — Non.

VII. — L'accomplissement de la condition résolutoire transfère-t-elle de plein droit la propriété sur la tête du donateur ? — Les solutions ont varié suivant les époques du droit romain.

VIII. — Le donateur avait-il l'action *præscriptis verbis* ? — Non.

DROIT FRANÇAIS.

Histoire du droit.

I. — La maxime *donner et retenir ne vaut* n'a pas son origine dans la raison indiquée par Ferrière, non plus que dans celles données par les autres jurisconsultes coutumiers.

II. — Les Etablissements de saint Louis sont l'œuvre privée d'un jurisconsulte, et non l'œuvre officielle du législateur.

Code civil.

I. — L'art. 944 envisage les conditions simplement et purement potestatives.

II. — La donation d'une somme, payable après le décès du donateur, est-elle valable? — Oui, si le disposant a entendu se constituer immédiatement débiteur, et conférer une créance, dont l'exécution seule est retardée. Non, au cas contraire.

III. — A défaut de stipulation expresse, le donataire est-il tenu des dettes du donateur ? — Non.

IV. — Le donateur peut-il forcer le donataire à accomplir les charges de la donation ? — Oui.

V. — Si l'action en révocation pour ingratitude (article 957) a été intentée par le donateur, *vi-*

vente donatario, pourra-t-il la continuer contre les héritiers de ce dernier, s'il décède pendant l'instance ? — Non.

VI. — L'art. 959 comprend-il les donations faites par un conjoint à l'autre ; autrement dit, ces donations sont-elles révocables pour ingratitude ? — L'art. 959 ne s'y applique pas, donc elles sont révocables pour ingratitude.

VII. — La présence d'un enfant naturel, d'un enfant adoptif, l'absence d'un enfant légitime, rendent-elles la donation irrévocable ?
1re hypothèse : Oui. — 2e hypothèse : Non. — 3e hypothèse : Oui, jusqu'à l'envoi en possession définitif; non ensuite.

VIII. — La révocation de la donation déguisée, sa réduction ont-elles effet contre les tiers acquéreur de bonne foi ? — Oui.

IX. — La prescription de l'art. 966 fait revivre, en la confirmant, la donation que la révocation avait anéantie.

Droit commercial.

I. — La prescription, fixée par l'art. 64 du Code de commerce, profite même aux associés liquidateurs.

Droit criminel.

I. — La circonstance aggravante qui tient à la qualité personnelle de l'auteur, ne nuit pas au complice.

II. — L'immunité de l'art. 380 du Code pénal ne profite pas à celui qui s'est rendu complice du délit, dans les termes de l'art. 60.

Droit des gens.

I. — Les belligérants ont le droit de confisquer la contrebande de guerre sur un navire neutre, mais leur droit de confiscation ne s'étend pas au navire lui-même, ni aux marchandises libres qu'il peut renfermer.

Droit public et administratif.

I. — L'art. 6 de la loi de 1855 n'a pas dérogé à l'art. 17 de la loi du 3 mai 1841.

Vu par le Président de l'acte public,
E. Lederlin.
Nancy, le 10 février 1872.

Vu par le Doyen de la Faculté,
Ph. Jalabert.
Nancy, le 12 février 1872.

Vu et permis d'imprimer,
Le Recteur,
Dareste.

Nancy, imp. Sordoillet et Fils, faubourg Stanislas, 3.

www.ingramcontent.com/pod-product-compliance
Ingram Content Group UK Ltd.
Pitfield, Milton Keynes, MK11 3LW, UK
UKHW020123200726
13856UKWH00002B/706

9 782011 323644